讀莫言

董文宏
任　翔　◎编著

中国长安出版社

目录

2013年5月底，网上疯传“莫言、干露露、陈光标裸体雕塑现身厦门大学”。在厦门大学艺术学院展厅里，三尊裸体雕塑引人注目，注释说明为陈光标、干露露和莫言。一旁的创作感言里，只写了七个字：“脱了，脱了，都脱了……”设计者孙德迎很镇静：“这只是我的毕业设计！”面对媒体，他这样解释：“其实我就是想把他们放在一个平台上，他们在这个平台上，脱光了地位都是相同的。因为他们的许多光环、名誉，都是别人送给他的。我们都不关注他，也没人知道他。我就是把他们放在同一个平台上，同等地看待这三个典型人物。”其指导老师王卫也不以为然：“在艺术上还原了名人作为一个‘人’的原本面貌，是艺术家自己的观念表达，不是在抨击和丑化任何人。这份毕业设计是观念性的作品，我们不能把它当人物肖像作品来看待。”但对此许多人不敢苟同，网友一片热议，人们从情感、道德、法律角度考量，还是有些不可思议。撇开莫言是诺贝尔文学奖的获得者不说，作为一名已有外孙女的中国公民，如果不经本人同意，被赤裸裸地雕塑在大学公共展厅观赏，最起码也侵犯了肖像权。当然，莫言对其民事权利可自由处分，或继续选择“莫言”。他曾感叹“我获得诺贝尔文学奖后，引发了一些争议。起初，我还以为大家争议的对象是我，渐渐的，我感到这个被争议的对象，是一个与我毫不相关的人，我如同一个看戏人，看着众人的表演。我看到那个得奖人身上落满了花朵，也被掷上了石块、泼上了污水。我生怕他被打垮，但他微笑着从花朵和石块中钻出来，擦干净身上的脏水，坦然地站在一边，对着众人说：对一个作家来说，最好的说话方式是写作。我该说的话都写进了我的作品里。用嘴说出的话随风而散，用笔写出的话永不磨灭。”

其实，莫言获得诺贝尔文学奖，其社会反响远远超出文学本身。一时间，莫言的一言一行聚焦无数双眼睛，本人及其作品、演讲、采访、家乡等等，无不被人们掰开了、揉碎了解读、剖析，这其中有赞扬、欣赏、好奇、敬仰，也有质疑、叹息、攻击，甚至嗤之以鼻……

“莫言，请上来！”

2012年诺贝尔文学奖颁奖仪式上，评委会主席佩尔·韦斯特伯格在用瑞典语介绍完莫言的获奖成就后，用中文说“莫言，请上来！”莫言走到舞台中央，从瑞典国王手里接过证书、奖章和奖金支票。为了这一刻，中国人等了逾100年。

诺贝尔奖的诞生，经历了一个艰难的分娩过程，甚至险些胎死腹中。资料显示，诺贝尔奖的发起人是瑞典著名的化学家、硝化甘油炸药的发明人阿尔弗雷德·贝恩哈德·诺贝尔。1833年10月21日，诺贝尔出生于瑞典首都斯德哥尔摩，自幼命运多舛，但勤奋好学，酷爱科学，发明了硝化甘油炸药，拥有百余家工厂，并在世界各地拥有355项发明专利，积累了大量财产，1896年12月10日，因突发心脏病，经抢救无效，与世长辞。诺贝尔一生未娶，也未留下任何子女，其遗产如何分割一时成了焦点。据悉，诺贝尔在生前的最后10年，曾先后3次立下过非常相似的遗嘱，前两次分别是于1889年和1893年，第三次是1895年12月27日。这一年，在巴黎的马拉科夫大街寓所里，诺贝尔亲手用瑞典文写下遗嘱，并存放在斯德哥尔摩一家银行里。这份遗嘱于1897年公之于众："签名人阿尔弗雷德·诺贝尔，在经过成熟的考虑之后，就此宣布关于我身后可能留下的财产的最后遗嘱如下：……"在列举了特定的私人遗物之后，原文继续写道："我所留下的全部可变换为现金的财产，将以下列方式予以处理：这份资本由我的执行者投资于安全的证券方面，并将构成一种基金；它的利息将每年以奖金的形式，分配给那些在前一年里曾赋予人类最大利益的人。上述利息将被平分为5份，其分配办法如下：一份给在物理方面作出过最重要发现或发明的人；一份给在化学方面作出过最重要发现或改进的人；一份给在生理或医学领域作出过最重要发现的人；一份给在文学方面曾创作出有理想主义倾向的最杰出作品的人；一份给曾为促进国家之间的友好、为废除或裁减常备军队以及为举行和平会议作出过最大或最好工作的人。物理和化学奖金，将由瑞典自然科学院授予；生理学或医学奖金，由在斯德哥尔摩的卡罗琳医学院授予；文学奖金，由在斯德哥尔摩的科学院授予；和平奖金，由挪威议会选出的一个5人委员会来授予。我明确的愿望是，在颁发这些奖金的时候，对于授奖候选人的国籍丝毫不予考虑，不管他是不是斯堪的纳维亚人，只要他值得，就应该受奖。我再次声明，这样授予奖金是我的迫切愿望，这是我的唯一有效的遗嘱。在我死后，若发现任何以前有关财产处理的遗嘱，一概作废。阿尔弗雷德·伯哈德·诺贝尔 1895 年 11 月 27 日。”也有传闻说遗嘱的发现实属偶然，是诺贝尔的家人在他死后整理遗物时，意外发现薄薄一页纸上短短的一段文字，经仔细辨认，才发现原来是份遗嘱。

尽管诺贝尔遗嘱有不同的版本，但其基本精神是一致的，最突出的是他表达了对人类文明与进步的崇高而美好的愿望。遗憾的是，他在遗嘱中，许多表述过于笼统，特别是在具体程序上只提出了几点最基本的评选原则，并没有给出可操作性的评选标准，如何将其落到实处，一时成了“烫手的山芋”。焦点主要集中在以下几个方面：一是遗嘱的有效性。诺贝尔晚年一度患有严重的抑郁症，在当时资本主义唯利是图的历史环境中，其行为被认为是不可思议的，有人对遗嘱是否诺贝尔本人真实意思的表示提出质疑；也有人提出，遗嘱中权利义务界定得不够明确，法律漏洞百出，应认定为无效或部分无效。二是遗产的确认与管理。诺贝尔的遗产共计 3300 多万瑞典克朗（合 200 多万英镑），大多是不动产，又分布于瑞典、挪威、德国、奥地利、法国、苏格兰、英格兰、意大利、俄国等，而这些国家的财产法各不相同，仅仅确认其所有权，就需要经过复杂的诉讼程序，如何掌控和变现这笔财产是个难题。三是合法继承人问题。遗嘱指明的遗产继承者，是一个尚不存在的基金会，这个基金会如何组建，怎么运作？诺贝尔的亲属纷纷提出遗产要求，欲通过诉讼争取自己的权利，后来试图取得一个妥协性的方案，由直接继承人和遗嘱中指名的机构来共同分享这份遗产。一位几乎不为人知的索菲女士，也通过一名维也纳律师加入了这场争斗，并且提出了巨额的要求。四是遗嘱如何落实。遗嘱中提到将其遗产“分配给那些在前一年里曾赋予人类最大利益的人”，但在实际操作中，怎样衡量谁是前一年里赋予人类最大利益的人？标准和程序怎么确定？此外，遗嘱中给予其他组织和个人太多的额外义务，如物理和化学奖金，委托瑞典皇家科学院授予；生理学或医学奖金委托在斯德哥尔摩的卡罗琳医学院授予；文学奖金委托在斯德哥尔摩的瑞典文学院授予；和平奖金委托挪威议会选出的一个5人委员会来授予等。有人就提出，一个瑞典人不注意瑞典的利益，而去偏袒国际活动，那纯粹是不爱国的；瑞典的奖金颁发机构将不可能令人满意地完成分派给他们的任务；这个任务将会扰乱他们真正的工作，并且承担额外的风险；把颁发和平奖金的任务交给一个由挪威议会指定的委员会，将严重损害瑞典的利益，破坏瑞典与另一个联盟国家 — 挪威国之间当时已经非常紧张的关系等等。

幸运的是，诺贝尔生前指定了两名靠得住的遗嘱执行人，他们是瑞典土木工程师拉格纳·索尔曼和鲁道夫·利烈克维斯特。两位执行人都与诺贝尔有很深的交情，对他的意图和遗嘱的内涵都有很深的理解。拉格纳·索尔曼在《一项遗嘱》一书中写道："这项遗嘱，只有一点是完全明确的，那就是指定利烈克维斯特和我作为执行人，以及规定我们的任务。因此，最大限度地利用这一条款和设法保证我们的特权，就成为我们的义务。我们所面临的问题，可以摘要如下：（1）法律手续和有争论的事情。（2）与财产清算有关的经济处理，以及按照遗嘱的特别规定办理在'安全的证券'方面再投资的手续。（3）组织一个适宜的管理机构来长期经管这项捐赠的基金，并且正式起草每年分配奖金的章程。"

他们克服自身法律能力的不足，特聘在斯维亚上诉法院当陪审推事的卡尔·林哈根作为法律顾问。林哈根仔细研究了遗嘱，并对诺贝尔的生前经历、处世方式和立遗嘱的背景资料等进行了深入考察，发现诺贝尔在商业事务中，凡事总是习惯于提出一条原则，即自己提出一般大纲和主要安排，然后将事情交给别人去具体执行，于是他大胆提出，对诺贝尔的遗嘱也可以用同样办法执行。他们巧妙地请求被指定作为奖金颁发机构的瑞典科学院，以及与这份遗嘱有关的瑞典国家当局，参与接触和合作，从具体法律的繁枝末节中摆脱出来，以遗嘱的基本精神为指引，作为一项崇高事业来推进。他们费尽周折，将诺贝尔生前常住地——博福斯辖区内的卡尔斯科加县法院，确定为处理与这份遗嘱有关的法律问题的当然法院，这样，就避开了法国的法庭，因为他们担心法国法庭在遗嘱执行过程中可能会破坏遗嘱中的精神。这就为遗嘱的落实，提供了一个支点，这在当时是十分关键的一环。此后，由各种安排、观点、图谋、妙计与持久诉讼等构成的各种博弈交错展开，数个国家的金融、科学和法律方面的专家卷入其中，舆论媒体也起到了推波助澜的作用。遗嘱执行团队在解决这项巨大财产问题方面，可以想象到会出现的一切困难，他们没有一件能够躲得过去。尽管在不同国家几条战线上进行的关于这份遗嘱的诉讼程序，被拖延达数年之久，并且由于反对遗嘱的家庭方面，所采取的广泛与激烈的措施而变得更加困难，但在诺贝尔崇高精神面前，一切偏见和私利，都显得渺小无力，不堪一击。值得庆幸的是，以在圣彼得堡的石油生产公司老板伊曼纽尔·诺贝尔博士为代表的俄国支系，也就是诺贝尔哥哥路德维格的家族，站到了执行人一边。经过激烈的持久讨论后，伊曼纽尔·诺贝尔在1898年2月声明，他希望尊重他已故叔叔的愿望，因此，将不对这份遗属提出异议。这在解决如何执行遗嘱的问题上，是一个转折点；这项声明在诺贝尔基金会的建立方面，实际上起了决定性的作用。执行人达成了一项对亲属们作某些经济让步的协议，并且同意由政府在执行人提出建议的基础上，经过与奖金颁发单位和诺贝尔家族的代表协商，然后规定出关于落实这项遗嘱和管理这笔财产的条款。1900年6月29日，瑞典政府批准设立诺贝尔基金会，其章程和细则以及由各瑞典机构授与奖金的特别规则，都确立下来。执行人拉格纳·索尔曼在他的《一项遗嘱》中，对此作出总结：“这场长期的斗争就此宣告结束。由于过去几年的努力，所取得的结果应该被认为是满意的。对于我们的国家来说，颁发诺贝尔奖金的任务是一项特权，而诺贝尔基金会作为一个整体，则是一项有着巨大价值的财产。从各方面来看，那些关于在执行阿尔弗雷德·诺贝尔委托给我们的责任时，必将遇到巨大风险和困难的悲观预言，都是完全没有根据的。

相反的是，它有助于促进对瑞典、挪威和斯堪的纳维亚文化的更大了解和尊重。”

诺贝尔奖1901年首次颁发，包括金质奖章、证书和奖金。1968年，瑞典国家银行在成立300周年之际，捐出大额资金给诺贝尔基金会，增设“瑞典国家银行纪念诺贝尔经济科学奖”，并首次颁发，人们习惯上称之为诺贝尔经济学奖。1990年，诺贝尔的一位重孙克劳斯·诺贝尔，提出增设诺贝尔地球奖，授予杰出的环境成就获得者。该奖于1991年6月5日，在世界环境日之际首次颁发。上述奖项遵照诺贝尔遗嘱的精神，各获奖人不受任何国籍、民族、意识形态和宗教信仰的影响，评选的唯一标准是成就的大小。物理奖和化学奖由瑞典皇家科学院评定，生理学或医学奖由瑞典皇家卡罗琳医学院评定，文学奖由瑞典文学院评定，和平奖由挪威议会选出，经济奖委托瑞典皇家科学院评定。每个授奖单位设有一个由5人组成的诺贝尔委员会负责评选工作，该委员会3年一届。诺贝尔奖具有严格而独特的评选规则：（1）每年9月至次年1月31日，接受各项诺贝尔奖推荐的候选人，通常每年推荐的候选人有1000—2000人。（2）具有推荐候选人资格的有—先前的诺贝尔奖获得者、诺贝尔奖评委会特邀教授、作家协会主席（文学奖）、国际性会议和组织（和平奖）。（3）不得毛遂自荐。（4）瑞典政府和挪威政府无权干涉诺贝尔奖的评选。（5）2月1日起，各项诺贝尔奖评委会对推荐的候选人进行筛选、评定，工作情况严加保密。(6)10月中旬，公布各项诺贝尔奖获得者名单。(7)12月10日，是诺贝尔逝世纪念日，这天在斯德哥尔摩和奥斯陆，分别隆重举行诺贝尔奖颁奖仪式，瑞典国王及王后出席并授奖。与许多影视、文学等大奖不同，诺贝尔奖遵循的原则是，除了公布最终获奖者，其他候选人名单都不对外公开，并设置了50年的保密期。米凯尔·索尔曼说：“保密是诺贝尔奖的基石之一。这一点被写进了遗嘱。”对于类似“究竟有多少人获得了提名”之类的问题，人们也不会得到答案。目前人们所知道的是，评选委员会每年向数千人发出邀请，让他们提供候选人名单。这些提名人或是前诺贝尔奖得主，或是收到“特别邀请”的人，或是隶属于知名的大学或研究机构的人。这些人的名单自然也是保密的，但诺贝尔和平奖是个例外：阿尔弗雷德在遗嘱中指定和平奖由挪威来颁发。这一习惯沿袭至今。而挪威有关方面，每年都会把诺贝尔和平奖的提名名单公之于众，对此，汉斯·约恩瓦尔感到十分不解。

2002年以前，诺贝尔基金会一直隶属于斯德哥尔摩大学。之后，随着瑞典大学透明化进程的加深，斯德哥尔摩大学开始实行档案向公众开放等规定。此举引起诺贝尔基金会的极大不安。为了不违反上述原则，基金会不得不改变章程，成为一个独立的机构。这是一个简单且有效的司法把戏。它向现代社会作出的惟一让步是：在诺贝尔奖公布50年后，其档案可向公众开放。也就是说，1953年以前的有关信息现在可以从因特网上查阅到。即便如此，诺贝尔基金会网站每年的访问量仍达1500万人次。网站负责人阿尔夫·林德贝里说：“也许有一天，这一期限会降至30年。” 1991年诺贝尔物理学奖得主皮埃尔—吉勒·德热纳感叹：“瑞典人在搞大型活动方面很有一套。但他们保守秘密的能力也十分令人敬佩。我在获得诺贝尔奖之前碰巧正在斯德哥尔摩。我在那里跟一些科学家有过长时间的接触，事后才知道其中有些人就是委员会成员。但他们没有向我透露过半点信息。”然而，透风的事儿还是发生过：2003年的诺贝尔和平奖得主、伊朗女律师希林·伊巴迪在获奖的前几天，就从一个朋友那里听说，她是被看好的候选对象之一。同样，1980年医学奖得主让·多塞在获奖前一周，便从“来自斯堪的纳维亚的消息”中得知自己可能获奖。他说：“到最后时刻，我推掉了在加拿大的一系列讲座。投票那天，电话响了。由于按正常的日程安排我是不应该在家的，所以我没敢接电话。但铃声响个不停，响了11声时，我太太才去接听。”这种泄密的情况并不多见，而且关键是它并没有影响到前期的调查工作。确定候选人是一个漫长而复杂的过程，需要相当丰富的经验。评选委员会要用

8个月的时间来研究候选人的材料，检查其工作成果的有效性，确认这些工作成果的确出自候选人之手。他们甚至还会就候选人的人品，在其周围人群或最密切的合作伙伴中展开秘密调查。这些调查工作所需的预算费用，每年高达350万欧元，是基金会第二大开支项目，仅次于发给获奖者的奖金。之后，还要开展“一系列的选拔程序”。到最后讨论时，将只留下“几个名字”，而且这种讨论只进行半天。对于这一讨论，人们也是知之不多。投票方式（一轮投票制、写在一张可折叠的小纸片上）被视为机密。评选委员会的内部磋商程序也不得而知。只有一点是清楚的：在得票完全相同的情况下，将用抛硬币的方式来决定。瑞典诺贝尔基金会总经理米凯尔·索尔曼说：“幸好这种情况迄今还没有出现过。”物理、化学、生理学或医学这类侧重于自然科学的奖项，受评委意识形态、宗教信仰、文化习俗等因素影响较小，标准相对客观，瑞典科学院等承办组织，独立于任何政府机关、机关团体，成员也都是德高望重的权威。他们兢兢业业坚守着诺贝尔遗嘱的宗旨。譬如，除和平奖外，其他诺贝尔奖的颁奖仪式每年12月在瑞典举行。按照惯例，诺贝尔基金会邀请瑞典议会中所有政党主席参加在斯德哥尔摩市政厅举行的颁奖宴会。而在2010年，瑞典诺贝尔基金会总经理米凯尔·索尔曼，断然宣布不邀请极右翼政党瑞典民主党主席伊米·奥克松参加诺贝尔奖颁奖宴会，理由是：这一极右翼政党被指责带有种族主义倾向，对外来移民持敌视态度。无论是执政的中右阵营，还是在野的中左阵营，都明确表示不会与它合作。“如果人们看一下阿尔弗雷德·诺贝尔的遗嘱”，索尔曼说，“它（遗嘱）明确表示，不会考虑任何与种族相关的事物，瑞典民主党的价值观完全违背这些（遗嘱内容）。”

诺贝尔奖风风雨雨逾百年，充满故事和花絮，充满传奇和争议，充满无奈和叹息，充满悬念和魅力。100多年来，诺贝尔奖以它那崇高的宗旨、丰厚的奖金、独特的程序、盛大的仪式、不休的争议，聚焦了太多的世界目光，它早已超越国界，不再属于瑞典、欧洲，而是全人类，其积淀的科学和人文精神更是一笔无价的财富：对执着追求理想的赞赏，对世界和平的期盼与追求，对人类生命之谜及其发展的关注，对人性与文明的感叹。诚然，诺贝尔奖是一块圣地，但却不是净土，它有太多的闪光点，也不乏遗憾。世界之大，精英辈出，名流如云，谁为座上宾，是个难题。尽管主人是一片苦心，难免有偏颇、过失与瑕疵，甚至由于对“诺贝尔遗嘱”宗旨的误读，也造成种种不快和争议。譬如，各奖项评选委员会从未公布过评选的细则标准，而且提名人与被提名人、评委评价、投票等都是50年保密，仅有的硬性指标是单个奖项最多只能同时授予3个人，此外，从1974年起决定不颁发给已经去世的人。事实上，评选问题几乎每年都会引发争论，那就是“诺贝尔奖真的发给那些有资格的人了吗”？最著名的例子，便是爱因斯坦提出划时代的相对论，却从未获得诺贝尔奖，反而因发现光电效应获得了1921年的诺贝尔物理学奖。1949年，葡萄牙人埃加斯·莫尼兹因一项有争议的疗法“脑白质切除术治疗精神病”而获得该年度的生理学或医学奖。更令人感到难堪的是，1973年诺贝尔医学奖得主康拉德·洛伦茨，在20世纪40年代曾发表过支持“灭绝劣等民族”的主张。至于文学、和平和经济学奖项，本来涉及的都是社会科学等领域，标准都很难把握，受托的评选组织的独立性，又时常引起质疑。比如，挪威议会承担诺贝尔和平奖的评选，挪威科技大学教授阿努尔夫·克尔斯塔就认为，诺贝尔和平奖挪威评选委员会形式上是独立的，但是，在议会中有席位的所有挪威政党以及挪威首相和外交大臣，都对诺委会的决定表示支持，诺委会主席亚格兰也是一位前首相和议员。因此，诺委会与挪威官方政治体系存在联系是确定无疑的。这样，就难免对评选的公正性产生种种疑虑，而很多实例更加深了这种怀疑，譬如，以非暴力不合作促使印度独立的甘地，一生多次获得提名诺贝尔和平奖都从未获得，就引起了极大争议。美国总统奥巴马第一任期刚刚履职不足9个月，就获得2009年诺贝尔和平奖，从程序推算，是一上任就获得了推荐。消息传出，世界关注，舆论哗然。虽然他提出过种种诱人的和平口号，但毕竟任职时间太短，并且正在同时发动着伊拉克和阿富汗两场战争，尚未对国际社会有任何显著的实际性贡献，诺贝尔委员会将奖项颁发给他，是“爆冷”、“献媚”、“为时过早”、“令人吃惊”。实际上，基金会在执行诺贝尔的遗嘱（这个遗嘱过于简短而且已经过时）时面临许多难题，这也正是诺贝尔奖的局限性所在。瑞典诺贝尔基金会总经理米凯尔·索尔曼承认，“诺贝尔奖的历史虽然从一定程度上反映出了科学的发展轨迹”，但科学在过去一个世纪里发生的变化太大了。基础科学方面的发现与其实际应用，变得越来越难以区分；各学科之间（物理学与医学、医学与化学等）相互交叉的程度，也越来越深。许多科学项目都是由一个课题小组集体完成的，很难从中确定一个、两个或三个主要的研究人员。然而在这个问题上，阿尔弗雷德·诺贝尔有明确的指示：科学奖必须颁发给个人，而不能是某个研究小组或研究机构。

诺贝尔奖固然有其缺憾，但瑕不掩瑜，越来越显现出其强大的生命力和世界影响力。目前世界上已有30多个国家榜上有名，亚洲国家中日本独领风骚（截至2012年获邀者达19位之多），而在中国，虽然有多名华人喜摘诺贝尔奖桂冠（1957年美籍华人李政道获诺贝尔物理学奖，1976年美籍华人丁肇中获诺贝尔物理学奖，1997年美籍华人朱棣文获诺贝尔物理学奖，1998年美籍华人崔琦获诺贝尔物理学奖，2000年法籍华人高行健获诺贝尔文学奖，2008年美籍华人钱永健获诺贝尔化学奖，2009年英美双国籍华人高锟获诺贝尔物理学奖），但截至2011年，中国公民却无一人获得诺贝尔奖。100多年来，我们在数学方面可以说是走在了世界前列，出现了华罗庚、陈景润等国际级大师，但诺贝尔奖中恰恰没有数学奖项；物理、化学、生理学或医学方面是中国的短板，这是不争的事实，虽然赵忠尧的正负电子对湮灭实验、王金昌发现“反西格马负超子”、中国科学家第一次人工合成牛胰岛素，这三项科学成果都达到了诺贝尔奖的评选资格，但都最终与之擦肩而过。在医学方面，中国科学家屠呦呦经历

190 多次失败后，发现了青蒿素这种治疗疟疾的药物，挽救了数百万人的生命，对世界医学作出了突出贡献，因此获得国际医学大奖——“拉斯克奖”，据说这是诺贝尔奖的风向标。2011 年国内外一致热炒屠呦呦有望摘取诺贝尔奖桂冠，但因诺贝尔奖多重视基础理论研究，而青蒿素则更多偏向于临床试验，最终与诺贝尔奖无缘。诺贝尔和平奖交由挪威国会定夺，确实是强人所难，诺贝尔奖自颁发以来，多次出现和平奖空缺，从中可见一斑。和平问题很复杂，各国都有自己的解读，其中功过是非很难评定。根据诺贝尔和平奖的宗旨，中国的孙中山、毛泽东、周恩来、邓小平等，都为人类的和平进步立下过不朽功勋，就连蒋介石也为世界反法西斯战争作出过杰出贡献，他们都有资格获奖，但最终与之无缘。诺贝尔经济学奖是后增奖项，有明显的意识形态色彩，中国改革开放以来，提出许多有益本国、影响世界的经济学理论，却始终与获奖无缘，不能不说是一种遗憾。诺贝尔文学奖更是一波三折，先后传出辜鸿铭、鲁迅、梁启超、刘半农、胡适、老舍、林语堂、沈从文、钱钟书、李敖、巴金、金庸、虹影、余光中、洛夫、王蒙、杨牧、白先勇、北岛、王小波、李锐、王安忆、龙应台、余华、贾平凹、陈忠实、严歌苓、苏童等入围诺贝尔文学奖的候选人名单，却无一人得魁，搞得国人怨恨交加，以至于 2012 年 8 月 24 日上午，在网上国外两家博彩公司开出了 2012 年诺贝尔文学奖赔率，Unibet 排行榜中莫言以 6.5/1 的赔率居首，消息在社会上热炒，常人并未太当回事，以为媒体又在玩骗人的把戏。许多人并没注意，在 6 项诺贝尔奖中，瑞典文学院总是到最后才宣布新闻发布会的具体日期；更不知道，瑞典时间 2012 年 10 月 11 日上午，瑞典文学院大厅里有好多媒体的机器开始占位，预示着将有重大新闻发布，13 时整（北京时间 11 日 19 时），紧闭的大门打开了，文学院常务秘书彼得·恩格隆德走出来，在卡擦卡擦的快门声中，他如往年一样淡定，先用瑞典语，后用英语说：“今年的诺贝尔文学奖授予中国作家莫言。他的作品中充满魔幻现实主义色彩，是历史和现实的并存。”话音未落，人群中爆发出一阵欢呼声，所有挤在现场的中国媒体和旅瑞华人都激动不已。周围的瑞典人，在得知记者来自中国后，纷纷表示祝贺。一位瑞典记者着急地问，莫言两个字如何拼写，哪个是姓，哪个是名。此刻，现场迅速布置了一个展台，放上了 10 多本莫言的瑞典语、英语和法语著作，其中有《红高粱家族》、《丰乳肥臀》等书籍。书籍的旁边，还摆放着瑞典文学院关于莫言获奖的一大沓瑞典语、英语、德语、法语新闻公报，供与会者取阅。公报上面对莫言本人和作品的介绍以及评价是："莫言出生于 1955 年，在山东省高密长大。他的父母都是农民。在'文革'期间，12 岁的他离开了学校参加工作，先务农，后在一家工厂做工。1976 年，他参了军，在此期间，开始学习写作。1981 年，他发表了第一篇短篇小说。几年后，中篇小说《透明的红萝卜》成为他的转折点。在他的作品中，有很多他青年时代及出生地的生活痕迹，尤其是在《红高粱家族》中体现明显。这本书由 5 个故事展开，交织在一起，描绘了 20 世纪日本占领下的高密农民十几年动荡、贫困的生活。1987 年，由张艺谋执导，改编自该书的电影《红高粱》获得成功。小说《天堂蒜薹之歌》和《九国》，被评为颠覆性的，因为它们对当代中国社会的批评尖锐。"

而稍早一点，山东高密莫言家中还相对平静。莫言 6 点吃完晚饭后，来到楼下的大哥家，客厅的电视正在直播诺贝尔文学奖将花落谁家。在等待奖项公布的时候，莫言和妻子、妻妹、大哥、大嫂并不激动，倒是 14 个月大的外孙女非常高兴，不住地笑。晚 7 时许，中央电视台正在播出的《新闻联播》罕见插播最新消息，著名主持人李瑞英播报："本台最新消息，瑞典文学院今天宣布，2012 年诺贝尔文学奖授予中国作家莫言，莫言成为有史以来首位获得诺贝尔文学奖的中国籍作家。"莫言大嫂王梅棣立即转向莫言："50 多岁才得奖，太不容易了！"这位新科诺贝尔奖得主露出了灿烂的笑容。诺贝尔文学奖评审委员会，在第一时间对其进行了约 7 分钟的连线采访。对方问："您会用什么样的方式庆祝获奖？"温和厚道的莫言笑了笑，答："也没有什么庆祝的，我会和家人在一起包一顿饺子吃。因为我最喜欢吃的是饺子。”“（之前）没有太多的期待，因为我觉得这是一件很渺茫的事情。全世界有那么多优秀作家，中国也有很多优秀作家，一年只颁一次奖，只颁一个人，我觉得好像排了一个漫长的队伍一样。”当国内一家媒体记者询问他“得知获奖消息的反应”时，他坦言：“说不激动那是在装蒜，心里还是高兴的，但也就是高兴。去年获茅盾文学奖时，很多人问我什么感受，当时我的女儿正在生孩子，我就告诉他们，获奖跟我女儿生孩子比，还是后者重要。”当问到“此时你最想什么”时，莫言回答“最想结束采访”。

人们像是如梦初醒，媒体战开火，几天工夫，有关莫言、莫言家人、莫言家乡等等，红遍大江南北、长城内外，“莫言”成了最热的话题。各路媒体更是蜂拥高密，莫言实在招架不住，索性躲了起来，后不得不于获奖的第二天晚上，在山东高密凤都国际酒店接待厅，举行记者发布会。14 日接受央视《面对面》栏目采访，18 日上午在中国艺术研究院举办的“祝贺莫言获诺贝尔文学奖座谈会”上亮相，一再呼吁不希望一起“莫言热”，心情“惊喜而惶恐”，“得奖是暂时的，一切都会像过眼烟云一样，飘过去”。但“莫言热”并未退烧，据百度新闻指数显示，莫言获奖后一个月，媒体关注度提升了 3100%，其作品也一度大面积脱销，莫言的高密旧居成了旅游景点。

中国乃泱泱大国，礼仪之邦，喜为座上宾，最重尊严，却总是与诺贝尔奖无缘，迟迟领不到盛典的入场券，实在令国人汗颜。特别是改革开放后，随着我国经济地位的提升，国人渴望得到世界承认。一些可以证明自己的平台格外被看重。这次莫言获奖，被认为不仅是对莫言个人和中国文学的肯定更让中国人得到了又一次扬眉吐气的机会。甚至有人把这看作是中国当代文学进入世界主流社会视野的一个重大的文化事件，是一个巨大的奇迹，还有的将其提高到了国家形象、国家软实力的高度。诺贝尔奖从来都不是一个单纯的个人成就奖，它凝聚了一个国家 100 多年期盼与挫折的投射焦点。不管怎么说，莫言获得诺贝尔文学奖，对于世界上古典文学传统最悠久的中国来说，无疑是完成了“夙愿”，实现了鲁迅等数代中国作家都没能实现的“壮举”。国际社会对莫言的赞赏，让“边缘化”声浪中的中国当代文学又一次激起狂澜。当此时，我们还来不及去谈论这个奖本身以及这次结果意味着什么，我们都应向一个真正执着于文学，与中国深厚的文化传统、中国乡村息息相关，以扎实的生活基础、丰沛的文学语言、狂放的文学想象而著称的作家表示由衷的祝贺。

但对一般民众来讲，最为关注、最想分享的还是莫言去瑞典领奖。因为这是100多年来，中国本土第一位获奖者，国人更愿意分享这份荣耀。为了营造领奖的喜庆气氛，山东《齐鲁晚报》微电影工作室加班加点，赶制了一部描写莫言的动漫电影《莫贝尔的故事》，在各大网站上线，首日观者即突破10万人次。仅仅5分钟的片子，寓意深刻，轻松幽默，剧情虽然搞笑，但真实可信，喜剧化地再现了莫言获奖前后的故事。与高密农信合拍的唯美微电影《红风筝》也杀青上线，适时营造了莫言领奖旅程的喜庆气氛。莫言本人出于对颁奖方的充分尊重，从着装到撰写演讲稿，做了极为精心的准备，12月5日携太太杜勤兰、女儿管笑笑以及朋友和翻译，乘飞机开始了他的领奖行程。天公作美，瑞典正赶上一场大雪，将斯德哥尔摩装扮成银色的童话般世界，大批的记者、游客、出版商蜂拥而至，以身临其境感受中国文学在世界上的热度。瑞典学院和诺贝尔博物馆所在地是斯德哥尔摩的城岛，由于这里是有着悠久历史的老城区，游览的人络绎不绝，其中专门为诺贝尔周而来的不在少数。6日，莫言一行顺利抵达瑞典斯德哥尔摩阿兰达飞机场，直接乘诺贝尔奖特制宝马车下榻Grand酒店。这家酒店1874年开业，有着悠久迷人的历史，位于斯德哥尔摩的梅拉伦湖与波罗的海连接处，在房间里可以一览海港、老城、皇宫等都市最美景观，几乎接待过所有诺奖获得者，莫言入住的房间每晚价格折合人民币15898元。莫言无心享受美景和酒店的舒适，马不停蹄，先是于北京时间6日19时，在瑞典文学院大厅举行诺贝尔文学奖新闻发布会，他身着黑色西服、佩戴宝蓝色领带，首次亮相瑞典，接受了中外记者的采访。他始终面带微笑，回答了有关获奖后的生活和个人心境、写作以及中国文学发展等诸多提问，给人留下儒雅、友善、幽默、睿智、谦和的形象。7日，中国驻瑞典大使馆为莫言举办酒会，当地华侨华人、留学生、中资机构代表及瑞典各界友好人士等130余人出席了活动，莫言在酒会上致词。此前参观了瑞典一所中学，同20多名学习中文的学生见面。学生们演唱了电影《红高粱》中的一首插曲，如情歌般温柔，与原版中粗犷、沙哑的嗓音截然不同。但就是这种文化差异，造就了人类文化生活的趣味。北京时间8日凌晨30分，莫言到瑞典学院演讲厅，面对全球，发表了《讲故事的人》的获奖演讲。莫言身着一身深灰色黑衣入场，全场起立长时间鼓掌。莫言以他独有的镇定和从容，用了45分钟讲述了自己的人生和创作经历。莫言的开场白，首先祝贺瑞典学院首席秘书当日喜得千斤，一下与现场融为一体，随后他那朴实、幽默而又不乏深情的演讲，引发了现场长时间的掌声。莫言透露，自己创作演讲稿只用了两天时间，其中还有半天在浏览互联网。“演讲稿的创作并不复杂，很轻松。”他说，作家可以用讲故事去歌颂真善美，揭露假丑恶，讲故事是一件非常严肃的事情。“故事最大的好处就是有宽广的艺术空间，最好的故事，要能让每个人看到他自己，我会为此继续努力。”但从社会反响看，对他的演讲褒贬不一，有人认为，莫言的演讲缺乏深度，是“流水账”、“小儿科”，给人的感觉就像是一篇小学生作文，而更多的人则认为，演讲富有诗意，其坦诚和忏悔，给人留下了深刻的印象。美国著名翻译家葛浩文在现场听了演讲很感动，“尤其是莫言深情地讲到自己的母亲时，我以为他会流泪，但是他没有。这个演讲很感人，莫言把自己的故事讲得很好。”中国著名文学评论家吴义勤认为，莫言的演讲突出乡土和成长历程。饥饿、苦难和人性是影响一代作家的深刻要素，他的坦诚和忏悔，是对其作品最好的诠释。演讲很平和但又非常吸引人，用故事给听众最直接的感知。多涉及童年的成长和母亲给予他的影响，这其实也是莫言创作的最大动力和故事的富矿。演讲脉络清晰，语言朴实、干净、感人，虽说主题是“讲故事的人”，但他在演讲中却讲述了一位平凡而又伟大的母亲。“莫言到底想通过他的演讲告诉我们什么？我想他用‘最早’、‘最痛苦’、‘记忆最深刻’、‘最后悔’几个词语把几件跟母亲相关的事串起来，赞扬了一个普通的中国妇女、一位伟大的母亲，这种关于人性的叙述，更能引起人们的震撼。”在西方人的眼里，莫言的《讲故事的人》与往届诺贝尔获得者奥尔罕·帕慕克的《父亲的手提箱》、赫塔·米勒的《你带手绢了吗》以及哈罗德·品特的《艺术、真实和政治》等同样震撼人心，甚至更加精彩。北京时间9日凌晨2时，在斯德哥尔摩音乐会大厅，举办诺贝尔奖音乐会，音乐厅位于斯德哥尔摩东北方向的一片商业区内，四周外延的几条街上布满了瑞典以及全球的各大时尚品牌，由于圣诞节即将到来，附近的商店早已换成圣诞节的装扮。而在白天，音乐厅的中门口广场上是有名的集市，各种搭建起来的简易小商铺里，出售各种纪念品和瑞典当地小吃。莫言和其他新晋诺贝尔奖得主在这里欣赏了一场高规格的音乐盛典，音乐会由指挥名家艾森·巴赫率领瑞典斯德哥尔摩皇家爱乐管弦乐团演奏。音乐会中出现不少中国元素，除了与华裔小提琴家陈锐合作外，斯德哥尔摩皇家乐团还演奏了《霸王别姬》组曲及其他中国曲目，凸显组织者的匠心与友善。随后于当地时间9日，斯德哥尔摩城市会议中心举办一整天的“诺贝尔周对话”活动，让诺贝尔奖得主通过公开、非正式的讨论与普通市民交流。莫言的交流，安排得满满当当，每场交流都座无虚席，好多活动都需提前发邮件预约。其中这天14时，莫言在斯德哥尔摩大学与学生的交流最为热烈，在开始前一个半小时，报告厅门口已经排起了长长的队伍，近2000人的大厅，座无虚席，活动中莫言与瑞典演员约翰·拉巴乌斯共同朗读了自己的《狼》《生死疲劳》等作品，并回答了与文学创作相关的问题，现场欢快、轻松，笑声朗朗。北京时间10日23时30分，诺贝尔奖颁奖典礼在斯德哥尔摩音乐会大厅隆重举行。音乐厅广场打扫一新，并围起了警戒线，警戒线内除了一字排开的诺奖得主的专座宝马车，再无其他杂物。瑞典时间下午4时，音乐厅广场已经是人群蜂拥，不时有不怕游客的灰色鸽子来广场和音乐厅前的女神雕塑上栖息。而警车和穿着蓝色制服的警察随处可见，一旦有贴着诺贝尔头像的宝马车开过来，警察和现场维护人员立刻包围过来，将观众和记者挡在外围，穿着庄重礼服的诺奖得主和家人从宝马车中走出来，表情严肃地被礼宾带进音乐厅，在这里面接受诺奖给予的世界最高荣誉。参加的瑞典王室成员包括国王卡尔十六世·古斯塔夫，王后西尔维娅，女王储维多利亚，王子丹尼尔、卡尔菲利普和公主玛德莱娜，嘉宾将近1500人。会场装饰隆重又典雅，鲜花簇拥，气氛祥和热烈，历年诺奖颁奖地点的装扮也是以鲜花为主，而由于诺贝尔晚年在意大利度过，最后在那儿去世，多年来领奖现场的很多鲜花都是从意大利空运过来。本年度音乐厅装饰以暖色为主，从樱桃色和橘红色向浅色渐变。讲台的前部用浅粉和深粉色小玫瑰装饰。讲台的后方则是各种大小的玫瑰花环、康乃馨花环、绣球花环、尼润花环。中间部分，也就是阿尔弗雷德·诺贝尔肖像的后面，用6000朵浅色的鲜花装饰一面花墙。整个布置大约需要17000朵鲜花和叶子。负责音乐厅鲜花布置的是连续12年承担这项职责的海伦·马格努森，其公司已经承担这项任务将近40年。大厅最前面两侧分别环形放置两排高背座椅，一侧是国王、王后、王子及公主的，另一侧是诺贝尔奖获得者的。在舞台上就座的还有诺贝尔奖的近百位评委以及历届多位诺奖获得者。嘉宾陆续走进灯光璀璨的音乐厅就座，男嘉宾一律白衬衫、白领结、黑燕尾服，女嘉宾则一律晚礼服。4时30分，音乐厅安静下来，国王率领王室成员出现在音乐厅落座后，颁奖典礼正式在瑞典王室乐曲《国王之歌》声中拉开帷幕，名曲伴随整个领奖过程，陆续演出莫扎特D大调进行曲、波兰舞曲柴可夫斯基的《叶甫盖尼·奥涅金》、管弦乐演奏乔治格什温《第一前奏曲》、埃米尔乔纳森独奏《单簧管的引子、主题与变奏》等。莫言身穿燕尾服，出席颁奖礼，就座于第一排左数第七位，与日本科学家比邻。11日0时16分许，瑞典文学院成员、著名作家、诺贝尔文学奖评委会主席佩尔·韦斯特伯格致辞并宣布，2012年的诺贝尔文学奖由中国作家莫言获得，他在致辞中说，莫言的想象力超越了人类的存在，他是一位杰出的写实主义者，作品描述了20世纪中国的历史。他在用瑞典语介绍完莫言的获奖成就后，用不太流利的中文清晰地说到“莫言，请”！既表达了对获奖者的尊重与友好，又得体而幽默，恰到好处，起到了意想不到的效果。莫言走到舞台中央，从瑞典国王卡尔十六世·古斯塔夫手里接过证书、奖章和奖金支票，莫言轻抚了奖章，鞠躬向评委、观众致谢。全场响起雷鸣般的掌声，乐队奏响了《阿拉丁组曲之中国舞曲》，音乐厅回荡着音符中的“中国元素”。颁奖结束曲为瑞典歌《古老而自由的北国》。受经济危机的影响，诺奖奖金由1000万瑞典克朗缩减至800万，约合人民币750万元。金质奖章约重半磅，内含23K黄金，奖章直径约为6.5厘米，正面是诺贝尔的浮雕像。不同奖项、奖章的背面饰物不同。每份获奖证书的设计也各具风采，堪称一件艺术品。北京时间11日凌晨2时，莫言参加在斯德哥尔摩市政厅举行的诺贝尔奖晚宴，12日凌晨2时30分，参加王宫晚宴。晚宴的历史始于1901年，当时举行晚宴的地方是斯德哥尔摩大酒店，被邀请的客人有113位，全都是男性，今年的宴会扩大规模，有近2000人参与集体大餐。晚宴的主菜是野味——野鸡配蘑菇，另外还有煮梨和蔬菜，以及杏仁土豆泥加红酒调成的汁。晚宴中，此前已经定做好燕尾服和晚礼服的莫言，穿着准备好的服饰，携带夫人和女儿在皇家乐队的伴奏下，跳起交际舞，享受诺奖带来的至高荣誉。北京时间13日，在瑞典皇家剧院，莫言对话瑞典翻译家陈安娜，交流文学及其他。14日上午，在喜庆的瑞雪中，莫言带着沉甸甸的奖章、证书和奖金回到北京，中国作协主席铁凝等各界人士前往迎接。记者采访时，莫言谈及这次领奖旅程，最大感慨就是在瑞典像赶场子的活动，深深感受到全世界各国人民对文学、对中国作家的热情。中国人太看重诺贝尔奖这个光环了，这种期待压抑了上百年，终于在这一次得到释放，而其更大的意义是莫言担当了使者的角色，在世界大舞台上展示了中国人的风采，让世界更好地了解中国，也让中国更好地走向世界。

“讲故事的人”

美国著名翻译家葛浩文认为，莫言定义自己是“讲故事的人”是非常好的，因为莫言就是一个伟大的“讲故事的人”，这也是他能得到诺贝尔文学奖的原因。

莫言一降生就与饥寒为伴，但自记事起即用故事充饥，借故事御寒。他听故事、编故事、讲故事、写故事，为获得老师的表扬写，为吃上饺子写，为在部队提干写，为实现人生价值写，为挖掘人性的美丑恶写。他的故事情节玄异而真实凝练，人物夸张而活灵活现，语言“土得掉渣”而风趣幽默，主题精到深邃而令人捧腹，感动了自己、感动了家人、感动了读者、感动了世界上许许多多的人，在去瑞典领取诺贝尔文学奖时的主题演讲——《讲故事的人》正是紧扣并诠释了他这一特有的人生经历。他在与读者交流时也说：“讲故事是人类的天性。我们听故事长大，长大以后变成讲故事的人。但是讲故事变成一种职业后，目的就不仅仅是愉悦他人。他用自己的故事来表达对人生、社会的种种看法，他也要用故事来歌颂真善美，揭露和鞭挞假恶丑，所以讲故事是件很严谨的事情。最好的故事是让每个读者在故事里都能看到自己，所以我要向这个方向努力。”诺贝尔文学奖终身评委兼秘书长马悦然十分欣赏“莫言很会讲故事”。

一

莫言的高密东北乡是故事的乐园。高密地处山东半岛中部，胶莱平原腹地，虽然现在山东号称齐鲁大地，但细分来看应属东夷文化圈，多面临海、远离平原。战国时期齐国属地，齐国名相晏婴，汉代经学家郑玄，清代重臣刘墉，均出生于此。齐文化自由开放，洒脱不羁，兼容并蓄，务实求功，造就了高密人刚健不屈，豪迈旷达，自强不息的性格。民间艺术根深叶茂：泥塑、扑灰年画、剪纸、茂腔均被列入国家非物质文化遗产。数量之多，保护之好，在全国汉族聚居区独树一帜。民间传说繁杂神秘：受东夷文化万物有灵的影响，村中古老的大树，野外时隐时现的狐狸、黄鼠狼、水下的老鳖、天上飞的猫头鹰等等，都会成为人们崇敬的对象，也衍生出许多扑朔迷离的故事，在这片神奇的土地上，文风一直很盛。到清朝，同为齐国属地的淄博出现了一位小说奇人——蒲松龄，他的《聊斋志异》，吸收了清以前齐文化中的神鬼怪异及传说，又加以演绎发展，对后世产生了巨大影响。高密东北乡历史上是有名的“三不管”地带，这里曾经地势低洼，人烟稀少，高粱遍地，土匪出没，更不乏血性男儿，草莽英雄。清朝末年，德国强修胶济铁路，掠夺沿途矿产，高密西乡108村农民在孙文的带领下，奋起抗德，牺牲数千人。1938年，高密东北乡民众在孙家口设伏，击毁日军汽车7辆，缴获1辆，击毙日军39人，其中就有在平型关战役中逃脱的中冈弥高中将。1944年，高密南乡农民刘连仁被日本掠去当劳工，因不堪忍受压迫逃出，凭着顽强的信念，在北海道的大山中穴居13年，于1958年回到祖国，他的故事震撼中日……故乡波澜壮阔的历史，玄异的民间传说，一代代人在苦难中对自由的顽强追求，也成就了莫言天马行空、神秘空灵的叙事风格，就仿佛在夕阳西沉的时候，仍在洪水中拼命挣扎的那片红高粱。在《红高粱》中，莫言这样毫无顾虑地描述他的故乡，这“无疑是人类最美丽最丑陋最脱俗最世俗，最圣洁最龌龊，最英雄好汉最王八蛋，最能喝酒，最能爱的地方。”故乡给了他太多的磨难，年少时曾发誓逃离它，永不返还。历经异乡的漂泊，莫言不得不感叹“艰难的逃亡转变成生死未卜的回转故乡之路。”“故乡对我来说是一个久远的梦境，是一种伤感的情绪，是一种精神的寄托，也是一个逃避现实的巢穴。那个地方会永远存在下去，但我的精神却注定了会飘来飘去。”为了抵抗这种生命的漂泊感，莫言选择了高密东北乡作为自己恒定的文化地理坐标。在这片土地上，他虚构了一个文字的、生命的、精神的王国，只有在这个王国里，才能找到创作的灵感。从《白狗秋千架》到《蛙》，乡土中国、历史反思、大地伦理、生命观照和现实批判，在高密东北乡长成了密不透风、生机勃勃的一片红高粱。

二

莫言在家乡胶河的拐弯处完成了他人生的启蒙教育。祖父管遵义是一个聪明的文盲，木匠活做得漂亮，善理财，土改时被定为上中农。他博闻强记，能打一手好算盘。过去村里人买卖土地，不管地块多复杂，他能很快算出它的面积；不少复杂的家具器械，看过一遍他便能做出来。他洞察世事，天文地理知识，改朝换代的历史，神仙鬼怪的故事知道得很多。这故事是对莫言最早的文学启蒙，莫言本人回忆，会讲许多故事的祖母也是他文学路上的启蒙老师之一。莫言大祖父是高密东北乡的名中医，见多识广，为莫言讲述了许多当地的鬼怪传奇，这些都装到了莫言的脑海里，莫言后来非常喜欢《聊斋志异》，作品里有类似的表达，和早期的教育有很大关系。莫言回忆："在我们乡村的广场上，在我们的集市上，在寒冬腊月生产队的喂牛、喂马的饲养棚里，我们都可以聆听到各种各样的说书人，给我们讲述古今中外各种各样的故事。那个时候，我既是一个故事的聆听者，也是一个故事的传播者。每次，听了这样的故事，我就忍不住想将我听到的转述给别人，将那些精彩的片段重述给大家。于是，我回到家，对我的父亲母亲讲，对我的哥哥姐姐讲。刚开始，他们对我的讲述非常反感，但是很快他们就被我的这种讲述所吸引。""当然，有时候记不全了，我就开始编造，按照自己的想象衔接我记忆的残片。当然，我的故事编造得还不错，以至于我很小的时候便成为一名说书人。回想起来，后来我从事文学创作，写小说、写剧本，可能就是从给母亲讲故事开始。"莫言上三年级时，班里来了位叫张作贤的老师，他语文、数学、体育、音乐一人担。班里 32 个学生，莫言是最小的。一次放学，老师把莫言留了下来，问："你这篇作文是从哪抄的？"莫言说："我自己写的。"老师不信，非逼他再写一篇，而且要他马上写，不能回家，说："题目《抗旱》，写吧。"莫言只好铺开纸、提起笔、写开了。写完往老师面前一推，老师看了，"咦咦咦"地说："人不可貌相，确实不错啊。”后来，他写了许多作文，都被张老师当作范文在课堂念，有的被抄到学校的黑板报上，还有一篇被附近的中学拿去当范文。四年级的下半年，张老师组织成立了5人作文兴趣小组，莫言是小组成员之一，也是个活跃分子。那时学校倡导搞勤工俭学，学生给生产队割草挣钱。有了钱，张老师就搞起了一个图书角，并请莫言的父亲做了个木箱，让莫言管理，负责同学的借阅，莫言是近水楼台，先睹为快，洋洋自得。由于莫言的突出表现，在班级选干部时，他当上了学习委员。张老师也是位文学爱好者，他保存的好多书，像《苦菜花》、《青春之歌》、《烈火金刚》、《红旗插上大门岛》、《吕梁英雄传》、《钢铁是怎样炼成的》等，都借给莫言看。张老师告诉莫言作文也是可以虚构的。这个会写作文的瘦小子，在班级中找到了自信。

也许是受家人的影响，莫言自幼酷爱读书，可谓痴迷。小学二三年级时，他就读了《林海雪原》、《青春之歌》等作品，开始文学启蒙。小学五年级时，他读《三国演义》、《水浒》等名著。莫言在《童年读书》中回忆：“我童年时的确迷恋读书。那时候既没有电影更没有电视，连收音机都没有。只有在每年的春节前后，村子里的人演一些《血海深仇》、《三世仇》之类的忆苦戏。在那样的文化环境下，看‘闲书’便成为我的最大乐趣。我体能不佳，胆子又小，不愿跟村里的孩子去玩上树下井的游戏，倒空就看‘闲书’。父亲反对我看‘闲书’，大概是怕我中了书里的流毒，变成了坏人，更怕我因看‘闲书’耽误了割草放羊，我看‘闲书’就只能像地下党搞秘密活动一样。”“记得从一个老师手里借到《青春之歌》时已是下午，明明知道不去割草羊就要饿肚子，但还是挡不住书的诱惑，一头钻到草垛后，一下午就把大厚本的《青春之歌》读完了。身上被蚂蚁、蚊虫咬出了一片片的疙瘩。从草垛后晕头涨脑地钻出来，已是红日西沉。我听到羊在圈里狂叫，饿的。我心里忐忑不安，等待着一顿痛骂或是痛打。但母亲看看我那样子，宽容地叹息一声，没骂我也没打我，只是让我赶快出去弄点草喂羊。我飞快地蹿出家院，心情好的要命，那时我真感到了幸福。”当时，农村文化生活极为贫乏，莫言回忆：“辍学后，我混迹于成人之中，开始了‘用耳朵阅读’的漫长生涯。200多年前，我的故乡曾出了一个讲故事的伟大天才——蒲松龄，我们村里的许多人，包括我，都是他的传人。我在集体劳动的田间地头，在生产队的牛棚马厩，在我爷爷奶奶的热炕头上，甚至在摇摇晃晃地行进着的牛车上，聆听了许许多多神鬼故事，历史传奇，逸闻趣事，这些故事都与当地的自然环境、家族历史紧密联系在一起，使我产生了强烈的现实感。”

三

莫言的大哥管谟贤称，莫言小时候就非常敏感，而在写作上的天赋也不可否认。由于敏感，在11岁时，莫言仅通过一个信封就发现了大哥谈恋爱的事情，有独到的观察能力。莫言少时好友王玉清回忆说，莫言在小伙伴中最早展示他的文学才华，在小学四年级时，当时老师布置了一篇作文叫《我的一天》，“当时全班36人，有34个学生写的是流水账，其中一个女孩子写的是星期天姑姑到她家里来，家里吃了好东西，只有莫言写的是运动会上拼搏、比赛的场景，莫言的写作让老师为之惊叹，把他的作文拿到初中去展览。”这样的褒奖，无疑更鼓励莫言立志于文学。莫言回忆说：“因为当时我们小学生作文都是按老师出的题目记一件小事，我们往往记真事，写一个人，我们往往写生活中真正有的人，后来我写那篇文章好像是写体育比赛，篮球比赛，我有一些夸张，有一些虚构。后来我们的老师也肯定了，说很多作文其实是允许虚构的。”莫言当时在给同学们介绍经验时就进一步发挥老师的意思说，“写作文就是编，发挥想象力去编。”语文老师张作圣回忆，当时安排学生写一个看电影的作文，拿到莫言的作文，“一看到开头，我就感到很惊奇，主要是这个孩子不像其他同学一样。别的同学开头就是说电影队来到我村了，大家都四面八方急急忙忙兴高采烈地来到了电影场。他这个开头，怎么来的怎么开始的都没有，他就用青蛙的叫声，呱呱呱，一阵青蛙的叫声，把我拉向了银幕，接着后边开演。”12岁时，莫言就准备将电影《列宁在1918》改编成家乡戏茂腔，其中几句台词让王玉清记忆深刻，“列宁同志很着急，城里粮食有问题，赶快去找瓦西里，马上下乡找粮食。”这也显示了莫言的文学才华和创作冲动。莫言辍学之后，因为太小，只能在生产队里干点零活，经常被安排独自放牛。莫言回忆说：“当时就是，周围的大自然让我很着迷，我孤独但是后来我发现有治疗孤独的方法，就是可以不断地观察周围的草木虫鱼，发现大自然神奇无比，包括各种鸟，以及鸟各种各样的叫声，变成分解和排解我的孤独和痛苦的一种外在的一些东西。”好多读者说莫言的作品充满了画面感，充满了味觉、听觉、触觉，莫言感叹：“应该是无意当中在那个时候就开始了观察，开始了记忆，后来写作的时候这些都变成了宝贵的财富。”这段从大自然汲取感官经验的历程，建构了莫言独特的文学世界观，高密东北乡原本是一片单调的平原，但在莫言的小说里，却不但有平原，还有高山峡谷，森林湖泊。平凡的乡土，在莫言笔下，充满了魔幻色彩。而现实中真正引起他文学创作冲动的是单亦敏。单家与莫言老家是邻居，解放前开烧酒作坊，单亦敏是山东师范大学毕业的高材生，曾是《山东文学》的编辑，1957年反右运动时，被打成“右派”后下放到高密东北乡劳动改造，也被安排放牛。他是个讲故事的高手，且对作家生涯十分神往，经常说一些关于作家的传奇。这期间单亦敏给莫言讲述了许多文学创作的基本要求和规律，两人同命相怜，在东北乡的胶河畔，朝夕相处，成了忘年交。当时莫言毕竟还是个孩子，优先考虑的还是吃饭问题。他问单亦敏，怎么才能吃饱饭？单说好办，当作家是一个不错的选择，有一个作家，写了一本书得了一万多块钱稿费，如果用烧鸡来打比方，这笔巨款可以买一万只烧鸡。济南还有一个作家，因为写作有钱，生活非常腐败，一天三顿吃大白菜肥肉馅饺子一咬“唧唧”地满嘴流油……莫言听得着迷，对文学殿堂充满了憧憬。“当作家可以顿顿吃饺子，这对整日忍饥挨饿的莫言影响很大，莫言曾经多次告诉我，他是为吃饭才走上写作的道路的。”王玉清老人回忆说。其实，当时莫言还有一个浪漫的动机，他在《自述》中回忆，在15岁那年，他喜欢上了邻居石匠家的女儿，“我鼓足了勇气，在一个黄昏时刻，对她说我爱她，并且希望她能嫁给我做妻子，她吃了一惊，然后便哈哈大笑。她说：‘你简直是癞蛤蟆想吃天鹅肉！’我感到自尊心受到了沉重的打击，但痴心不改，又托了一个大嫂去她家提亲。她让大嫂带话给我，说我只要能写出一本像她家那套《封神演义》一样的书她就嫁给我。我到她家去找她，想对她表示一下我的雄心壮志，她不出来见我，她家那条凶猛的大狗却像老虎似的冲了出来。我曾经说是因为想过上一天三次吃饺子那样的幸福日子才发愤写作，其实，鼓舞我写作的，除了饺子之外，还有石匠家那个睡眼朦胧的姑娘。”不管生活多么艰难，多么被人瞧不起，莫言始终没放弃自己的文学梦想。他在《我漫长的文学梦》中写道：“1973年，我跟着村里人去昌邑县挖胶莱河。冰天雪地，3个县的几十万民工集合在一起，人山人海，红旗猎猎，指挥部的高音喇叭一遍遍地播放着湖南民歌《浏阳河》，那情那景真让我感到心潮澎湃。夜里，躺在地窨子里，就想写小说。挖完河回家，脸上脱去了一层皮，自觉有脱胎换骨的意思。跟母亲要了5毛钱，去供销社买了一瓶墨水，一个笔记本，趴在炕上，就开始写。书名就叫《胶莱河畔》……这部小说写了不到一章就扔下了，原因也记不清了。如果我的小说处女作，这篇应该是。”

小说未写成，倒是蹭叔叔的面子，进了县棉花加工厂当了合同工，这在当时农村中是令人艳羡的，这一经历也为他日后创作积累了写作素材。由于对部队生活的向往，1976年莫言参加了人民解放军，到县城换穿军装时，20多年第一次洗了热水澡，第一次穿上了崭新的军装，带着对未来美好生活的憧憬，他被分配到烟台龙口（黄县）某通讯团。集训20天后，莫言被分配到一个干部战士加起来还不到20

人的小单位，一待就将近4年。他回忆：“后来到了部队以后发现还有很多的书，当时我一个战友的未婚妻是黄县，就是现在龙口那个地方的图书馆的管理员，他每星期天去城里见他未婚妻，都会背一大提包书回来，像巴尔扎克的、高尔基的、雨果的、肖洛霍夫的，很多的书，这个时机读了大量的书，这对我帮助很大。”但莫言还是怅然若失，他发现当时部队里除了技术干部就是有学历的人，而只有小学学历的莫言提不了干。他也曾苦学文化课，把数学公式用小刀刻在营房的墙上，死记硬背，力图考上军校，改变命运，但前景十分渺茫，后来就想通过写小说改变人生。他在《我漫长的文学梦》中写道：“1978年，我在黄县站岗时，写了一篇《妈妈的故事》，写一个地主的女儿（妈妈）爱上了八路军的武工队长，离家出走，最后带着队伍杀回来，打死了自己当汉奸的爹，但‘文革’中‘妈妈’却因为家庭出身地主被斗争而死。这篇小说寄给《解放军文艺》，当我天天盼着稿费来了买手表时，稿子却被退了回来。后来又写了一个话剧《离婚》，写与‘四人帮’斗争的事，又寄给《解放军文艺》。当我盼望着稿费来了买块手表时，稿子又被退了回来。但这次文艺社的编辑用钢笔给我写了退稿信，那潇洒的字体至今还在我的脑海里摇头摆尾。信的大意是：刊物版面有限，像这样的大型话剧，最好能寄给出版社或者剧院。信的落款处还盖上了一个鲜红的公章。我把这封信给教导员看了，他拍着我的肩膀说：‘行啊，小伙子，折腾得解放军文艺社都不敢发表了！’我至今也不知道他是讽刺我还是夸奖我。”连续两次被退稿之后，莫言很苦闷。

四

1979年莫言调到保定当兵，参加军队教导队，后任部队工程技术学院临时分校政治教员。莫言一边教课一边写作，常累得大把大把掉头发，有胃溃疡还有鼻窦炎，身体基本上垮了。莫言顶着巨大的压力写了大量的作品，向全国多家报纸、杂志投稿。每次都满怀信心地把厚厚的稿纸装进信封，之后开始漫长且充满希望的等待，最后等来的往往是破烂不堪的退稿信封，里面最多塞上一封编辑部铅印的退稿信。1981年的一天，莫言收到了一封来自保定《莲池》编辑部的回信，信中说收到并拟留用他的短篇小说《雨夜情思》，希望他在方便的时候到编辑部去一趟，当面谈谈如何修改的问题。读罢来信，莫言简直欣喜若狂，兴奋得彻夜未眠，翻来覆去看信。“小说写春天的雨夜一位少妇怀念在远方海岛上当兵的丈夫。”莫言回忆说：“那之前，我曾经给多家地区级的刊物投过稿，《莲池》也投过很多次，但从没有发表过。”翌日一早，莫言向部队请了假，搭上长途汽车来到编辑部。那位写信的编辑叫毛兆晃，50多岁，他说莫言的小说有一定基础，但人物形象淡薄，需要进一步修改。莫言回部队后，感到不好改，干脆写了一篇新的寄给毛编辑，毛编辑说，还不如上一个呢。莫言不气馁，把两篇小说杂糅在一起，又送到编辑部。毛编辑没再说什么，打发莫言回去等消息。没过多久，保定《莲池》双月刊第5期就以《春夜雨霏霏》为题发表了署名“莫言”的小说，也即莫言的处女作。他本人曾这样解释自己笔名的来由：“小时候动手打不过别人，就编顺口溜骂人，学校告到家里来，被爹娘合伙暴打过一顿。于是，一辈子记住了那次为多话而挨的打。开始写小说，就把名字里的一个‘谟’字拆开，左右旁倒过来就是‘莫言’。取这笔名，就是想警示自己少说话、多做事。”在当时，能把自己的文字变成铅字印在书上是一件非常神圣的事情，这意味着人生重大成就和转折。拿到稿费后，莫言买了一瓶“刘伶醉”、一盘饺子、4只马家烧鸡，和战友一块“打了牙祭”。谈起这篇小说刚刚发表时的感受，莫言感慨：“对于一个多年来热心文学的青年人来说，对于一个写了无数稿件全部被退稿的业余作者来说，终于有一篇小说变成了铅字，堂而皇之地上了文学刊物，这种欣喜是难以名状的。”

小说深受孙犁先生创作风格的影响，有乡土气息，又带有散文诗色彩。责任编辑毛兆晃是北师大的毕业生，学的是戏剧专业。他看到了莫言作品中有一种清丽柔美的风格，觉得与文坛兴盛的“荷花淀派”的风格相近，就带莫言到白洋淀水乡去体验生活，并传授相关文学创作的技巧和经验，令莫言茅塞顿开。接着，在《莲池》又发表了《丑兵》、《因为孩子》等，均经毛兆晃修改、打磨、编发。部队对文艺青年特别青睐，因为小说写得好，1982 年夏，27 岁的莫言被破格提拔为正排职教员，并调到北京延庆县某机关工作。他仍把《莲池》作为自己的主要文学创作园地，又先后发表了小说《售棉大路》和《民间音乐》，前者被《小说月报》转载，产生了一定的影响。小说通过一次普通的然而令人感到筋疲力尽甚至心惊肉跳的农民售棉的经历，来描写“杜秋妹”“车把式”“拖拉机手”和军嫂“腊梅”这四个人物。小说在观念上虽然还是很传统的，是通过歌颂“真善美”来抨击“假丑恶”，最后，“假丑恶”的代表“拖拉机手”受到了一定感化。这一主题思想看起来并无新意，没有跳出传统的套路，新鲜的是莫言在这部短篇小说里找到了自己表达的趣味和出发点，“棉厂打工”的生活历历再现，付诸笔端，如鱼得水。他从中悟出了为创作而创作的体验生活是荒唐的，靠自己真实的生活体验写东西才不造作，清新自然。《民间音乐》是受到美国南方派女作家麦卡勒斯的短篇小说《伤心咖啡馆之歌》的影响而写成的，还无法摆脱庸常经验的约束，但是小说里出现的乡村场景和场景描述的变化，开始出现了他的故乡情感的萌芽，更为可贵的是，这篇小说致力于营造主观的意想，开始关注人们的心灵，是创作境界的一次提升。当时毛兆晃读这个小说，感叹：“我看不懂了。”《莲池》杂志的另一位编辑钟恪民接过稿子，看过赞不绝口。当时的《莲池》编辑部对于莫言的《民间音乐》有很大争议，尽管文稿通过了，但领导提出将标题改为《民间乐师》，遭到了钟恪民的强烈反对。性格直率的钟恪民说：“音乐才是飘渺的、空灵的，是这篇小说的主要色彩，如果改了标题，就等于把莫言的作品糟蹋了。”在和莫言的一次通信中，钟恪民曾写道：“但愿老天已经在未来诺奖的名单上写好了你的名字，你配得上。”这或许是鼓励话，或许是钟恪民编辑发现了莫言的文学潜质，但不管怎么说，在当时都是对莫言极大的激励。

目光犀利的老作家孙犁读到了小说《民间音乐》，在 1984 年 4 月 14 日的《天津日报》上发表了一篇叫《读小说札记》的文章，第一节就提到了这篇小说，并给予中肯的评价：“去年的一期《莲池》，登了莫言的小说《民间音乐》。我觉得写得不错。他写一个小瞎子，好乐器，天黑到达一个小镇，为一女店主收留。女店主想利用他的音乐天才，作为店堂的生财之道。小瞎子不愿意，很悲哀，一个人又向远方走去了。事情虽不甚典型，却反映了当前农村集镇的生活风貌，以及从事商业的人们的心理变化。小说的写法有些欧化，基本上还是现实主义的。主题有些艺术至上的味道，小说的气氛不同一般，小瞎子的形象，有些飘飘欲仙的空灵之感。”孙犁是文坛资深老前辈，他的推崇，对莫言后来的成名有重要的推动作用，而且孙犁先生对《民间音乐》的评价，给了莫言相当大的激励。莫言后来说，当他在文学路上蹒跚学步时，孙犁先生给予他极大的鼓励，让他终生难忘。他在《我是在莲池中扑腾出来的》一文中写道：“几个月后，我带着孙犁先生的文章和《民间音乐》敲开了解放军艺术学院的大门。”其实，莫言这期间的作品，更像是习作，其中有些作品还有很重的模仿痕迹，如《售棉大道》模仿了南美作家科塔萨尔的《南方高速公路》，《民间音乐》模仿了美国女作家卡森·麦卡勒斯的《伤心咖啡馆之歌》。

1984 年秋天，解放军艺术学院由著名作家、后任总政文化部长的徐怀中将军领衔，创建了文学系，面向全军招生。莫言当时是总参下面在北京延庆县一个军校的副连级教员。他报名参加了几轮考试，获得了通过。但却没有在规定的时间去军艺报到。按规定，没报到就不能被录取了。看着莫言茫然无措的样子，系主任徐怀中把他叫去，问他写过什么东西？莫言忐忑地从包里摸出 1982 年发表在《莲池》

上的小说《民间音乐》和孙犁的评论递过去。徐怀中仔细地看起来。看完，他用异样的神情望着面前的年轻军官，说很好呀！对系里的干事刘毅然说："这个学生，即便文化考试不及格我们也要。"实际上，莫言已经考出了文化课第二、专业总分第一的好成绩。就这样，莫言进入"军艺"，29岁才圆了大学梦，也从此开始真正走上文学之路。

莫言那届文学系35名学员大多名头响亮，其中李存葆、钱钢等人还得过国家级文学奖。当时，李存葆的《高山上的花环》是反映对越自卫反击战的军旅题材作品，与形势耦合，符合主旋律，很震撼，后被拍成电影，而莫言当时发表作品不多，是初出茅庐。军艺文学系像是大熔炉，有很多交流学习的机会和平台，接触到俄罗斯文学、美国文学，还观摩意大利、法国的新浪潮电影、欧洲现代芭蕾舞团演等等，先锋式的理念在头脑中刮起风暴。由于军艺文学系带有实验性，受到的关注比较多，邀请来上课的都是国内最有影响力的学者，感受到了文学艺术塔尖上的"八面来风"。徐怀中爱惜人才，对莫言十分欣赏，在开学第一次集会上就不无遗憾地说："可惜当年全国短篇小说评奖时，我没看到《民间音乐》，否则一定为它投一票。"这对莫言是极大的激励。1985年春，他大胆尝试，又创作了中篇小说《透明的红萝卜》在大型文学刊物《中国作家》上发表，这是一部带有泥土香味儿的作品，是以自己为原型写自己年少时因为饥饿难耐偷胡萝卜的故事。据莫言回忆，他12岁参加修建水利工程的时候，曾经偷吃了一根红萝卜，看地的老农比较厉害，抓住他后把他的鞋子留下，交给了水利工程队的头头。然后，这个头头还发动了几百人，对他进行了批斗，并呵斥他跪在毛主席像前认了错，回家后还挨了一顿毒打。这个真实的事件，显然对莫言是刻骨铭心的，精神上造成了极大的伤害。而勾起他对这一悲惨回忆的竟然是一个浪漫的梦境：一天凌晨，莫言梦见一块红萝卜地，阳光灿烂，照着萝卜地里一个弯腰劳动的老头儿；又来了一个手持鱼叉的姑娘，她叉出一个红萝卜，举起来，迎着阳光走去。红萝卜在阳光下闪烁着奇异的光彩……莫言一觉醒来，梦中的场景、色彩、情调挥之不去，并在内心迅速膨胀起来，《透明的红萝卜》呼之欲出。这就打破了当时惯常的创作套路，即先学习上级精神，确定主题，然后再观察生活，搜集素材，构思组稿。莫言就是凭着自己捕捉到的梦境中的一个意象，调动了自己的生活积累和丰富联想，通过《透明的红萝卜》把“文化大革命”中真实的农村生活借孩子的童年感觉予以展示，深刻发掘人心美丑和对美丽幻想的憧憬。黑孩子的形象是莫言苦难记忆的一种多旋律宣泄，特别是对色彩的把握，完全是多维的、灿烂的、芳香的意象。那光景，那韵味，没有传统写实主义的单一，底层社会原始的遗风和不可名状的心性之美飘然而出。小说对工地苦楚生活、爱情萌动的描绘，有浓彩大墨之处，乡下人的麻木、善良、无聊、浪漫都在一种紧张的旋律里涌动。可怜而可爱的孩子在火光的映现里，弥漫的生命力淹没了苦楚之境。主题也深刻体现了作者自身少年时期亲身感受到的痛苦经历。刘毅然读后感到内容和语言风格独特，便推荐给了徐怀中。徐怀中十分喜爱这篇作品，将原标题《金色的红萝卜》改为《透明的红萝卜》。此前军旅文学是以《高山下的花环》、《山中，那十九座坟茔》等作品为基石的，多是塑造英模人物，中规中矩，弘扬主旋律，反映正统的军队生活。与之形成鲜明对比的是，莫言《透明的红萝卜》反映的是“文革”期间的荒诞的农村生活，而且从写法到语言和内容等让人耳目一新，有点超常规，“犯忌讳”，因而引起文学界的争论，《中国作家》还专门组织在京作家、评论家举办讨论会，对作品主题展开讨论。有人说太过放肆，也有人说的给社会主义的美好生活抹黑，而有些人则认为，创作没了过多的禁忌，才能松弛到如入无人之境，想怎么写就怎么写，才可能诞生奇花异草。这是莫言第一次在文坛中引发关注。小时候，莫言因口无遮拦受尽了苦头，甚至栽了跟头，这次笔无遮拦，也被推到了风口浪尖，但毕竟今非昔比，政治环境宽松了许多，更为关键的是在这场争论中，徐怀中等著名作家站在莫言一边。后来这部作品被视为“残酷现实”藤蔓上的发轫之作，也是莫言的成名作。

这无疑更加消除了莫言创作的恐惧，也因此更坚定了他的创作方向。时至今日，提起这部作品，还有人感触颇深，认为小说写出了一个贫瘠年代农村少年的梦想，也显露出莫言对感觉描写的天赋，其最大的成就是对感官的重新探视，即把人的听觉、味觉、视觉甚至想象都完美地结合在一起，这在当代作家中是少有的。读他的小说让人非常兴奋，好像人的全部毛孔都被打开了的感觉，与视听作品相媲美，甚至更过瘾，更有韵味。

正是以此为基点，莫言又陆续发表了《枯河》、《白狗秋千架》、《爆炸》、《球状闪电》等系列作品，在文坛上引起了轰动。莫言回忆说，“我在刚开始创作的时候，有一段时间很苦闷，因为我觉得我找不到东西写，我看报纸听广播，到处收集素材，发现什么都不好；我曾在部队当过保密员，甚至想从保密文件里找到一般老百姓不知道的东西写小说，后来发现这样也不行。到了1984年，我写了篇小说《秋水》，文中出现了河，出现了无边无际的洪水，我一下子感到少年时期的生活被激活了。《秋水》之后，还有一篇叫《白狗秋千架》的小说，其中也写了玉米地、河流。《秋水》写出来以后投了3家刊物都没人发表，后来发在一家很小的刊物上，发表以后有几个评论家说好。我的自信心受到了鼓舞——原来这些东西都可以写到小说里去，我觉得一下子打开了通往小说宝库的大门，我童年的记忆被激活了。”在《神秘的日本与我的文学历程》一文中，莫言称：“自从写出《白狗秋千架》后，就仿佛打开了一扇闸门。过去我感到没有什么东西可写，现在我感到要写的东西源源不断地奔流而来。我写一篇小说的时候，另一篇小说的构思就冒了出来。一篇小说还没完，几篇新的小说就构思好了等着去写。1984—1987年这几年中，我写出了大约100万字的小说。这时期的作品，有许多个人的亲身经历，小说中的不少人物都有真实的原型。”“故乡对我来说是一个久远的梦境，是一种伤感的情绪，是一种精神的寄托，也是一个逃避现实的巢穴。那个地方会永远存在下去，但我的精神却注定了飘来飘去。”为了抵抗这种生命的漂泊感，莫言选择了"高密东北乡"作为自己恒定的文化地理坐标。这些小说基本上都是以他的故乡为背景，以他的个人情感为线索，再加上很多真真假假的家族传说和民间传说，杂糅在一起，隐约呈现出"高密东北乡"的雏形。在这片土地上，他构筑了一个文字的、生命的、精神的王国，一个安身立命的精神家园。继而，在这个家园里，他对西方现代主义和优秀的民族传统进行有效结合，既对西方现代主义尤其是拉丁美洲魔幻现实主义进行了借鉴，也对山东以齐鲁文化为主的优秀民族传统进行了继承，穿越时空，纵横驰骋，如鱼得水，笔耕不辍，最终长成了高密东北乡那广袤无垠、迷离神奇、密不透风、生机勃勃的红高粱。莫言小说中的故事，绝大部分发生在由他虚构出来的一个"高密东北乡"的地域内。他的"高密东北乡"成为一个奇特的艺术世界，被视为自己的"精神的根据地"，并成为创作的重要依托和元素。著名文学家雷达评说："没有八十年代的思想解放，观念爆炸，就没有莫言；但同时，没有作为天才作家的异秉，也没有作家莫言。莫言偶然看到李文俊翻译的《喧哗与骚动》，只看了两万字的序，就跳了起来，他要高举起'高密东北乡'这面大旗，把这片土地上的河流、村庄、痴男怨女、地痞流氓、英雄好汉统统写出，创建一个'文学共和国'。他要做这个共和国的皇帝，'主宰一切'。""从这片原乡升腾而起的关键词大概是：民间、生命力、图腾、自然力、狂想、暴力、祖先、历史、血痕等等。"正如一生书写故乡的美国作家托马斯·沃尔夫所说，"认识故乡的办法是离开它。寻找到故乡的办法，是到自己心中去找，到自己的头脑中、自己的记忆中、自己的精神中以及到一个异乡去找它。"莫言在离开他憎恨的故乡 9 年后，重新在文学中找到了故乡。故乡的老屋、传说、人群、草木、河流，都开始进入了莫言的文学王国，"芝麻开门！"，莫言见到的是琳琅满目的珠宝，创作一发而不可收。也如莫言所说："经常出现这样的情况，当我在写一篇小说的时候，许多新的构思，就像狗一样在我身后大声喊叫。"

1985 年，总政在北京西直门招待所举行军事文学创作座谈会。

一批老作家忧心忡忡地说："苏联卫国战争只打了4年，可是描写卫国战争的优秀作品一批又一批。我们中国有这么长的新民主主义革命史，28年的战争历史，新中国成立以后有这样那样的边境战争，为什么我们写不出自己的伟大的军事文学作品？眼看着我们写不动了，而青年作家又没有经历过战争，怎么办呀！"莫言很不服气，接过话头说："我们虽然没有经历过战争，但参加过演习；我们虽然没有打过鬼子、杀过敌人，但在家还杀过猪、宰过鸡，咋就写不出来呢？放心吧，我们不是吃白饭的。"一位著名老作家显然生气了，站起来斥责莫言："年轻人呀，别太狂妄！"莫言当时就憋了一股气，非要写几部战争小说给他们看看不可。于是，便有了《红高粱》、《奇死》等一系列战争小说。在距离莫言老家东北方向10多里地的孙家口村，有一座石桥。莫言小时候听村子里老人讲过游击队在这里伏击日本汽车队的故事，后来就把这段历史写进了小说。莫言回忆："《红高粱》大概就写了一个星期，一个星期草稿就出来了，然后一边抄一边改又用了一个星期，累计起来一共是两周。写完了以后我心里很不踏实，因为当时军艺有个很好的习惯，就是一旦作品出来以后，同学之间会互相交流看作品。当时我的《红高粱》也给几个比较要好的同学看了，他们的反映比较差，说《红高粱》还不如《透明的红萝卜》好。"莫言的表达非雅化与无所顾忌惹来了批评与不满，但是后来这部小说的火爆程度出乎大家的意料。小说用童年的视角、孩提的眼光，立足高密东北乡的高粱地，将乡间民俗、传说故事与历史事件有机地糅合在一起，以"爷爷奶奶"的抗日故事和他们在红高粱野地里自由自在的爱情生活为主干，从时间链条上，构成一个不断返回过去和不断来回跳跃的"穿梭结构"，三代人之间构成了一个时空交叉的对话关系。让人读来明知是穿越却似身临其境，明知是书却能嗅其味、闻其声、感其情。有评论称："书中洋溢着莫言独有的丰富饱满的想象力、令人叹服的感觉描写，并以汪洋恣肆之笔全力张扬中华民族的旺盛生命力。""这部作品彻底颠覆了此前'官办历史'的记忆。"《红高粱家族》为莫言赢得了巨大的声誉，据此改编的电影《红高粱》在1988年获得了柏林电影节的金熊奖，成为中国第一个走出国门并荣获国际A级电影节大奖的影片，引起世界对中国电影的关注，莫言这个名字也迅速走到了国外，成为有国际影响力的中国作家。电影《红高粱》中的结婚习俗、大花轿以及酒坊和酿酒的工艺，在现实中高密就是这样做的。这片土地有着别样的人文生态环境。电影导演张艺谋的感受是："我当初看中莫言的这篇小说，就跟在这高粱地里的感觉一样，觉着小说里的这片高粱地，这些神事儿，这些男人女人，豪爽开朗，旷达豁然，生生死死中狂放出浑身的热气和活力，随心所欲里透出做人的自在和快乐。现今大家常谈关于文化的各类学问，我想，做学问的目的，还是要使人越活越精神。"就是这样，以《红高粱家族》为代表的莫言的小说似乎并无殊异之处，主要以讲述故乡乡土生活为内容，但由于他对土地的独特感动和理解，对大自然的由衷敬畏、通灵和爱恋，其作品中有一种不同凡响的灵动之气、惊艳之色、醇香之味、玄妙之音。

莫言徜徉于久违的"高密东北乡"，似乎又回到了魂牵梦绕的童年，许多儿时记忆历历再现，创作也更加"笔无遮拦"，特别是写于1987年的中篇小说《欢乐》和《红蝗》更是直接冲击了传统的审美观念。《欢乐》中的高大同，骂起人来真是乡野泼妇也逊色三分，"你们这些蛤蟆种、兔子种、杂种配出来的害人虫！你们不是有权力吗？……你一肚子驴杂碎！就是你勾引了我老婆……你想跑？你能跑到哪里去，跑到耗子洞里去我在洞口支上铁夹子等着你，跑到猪耳朵里去我有蜂蜡把猪耳朵眼封起来！哈哈哈哈……"传统文学是很"绅士"的，鲁迅就说文学里最好不要描写大便和苍蝇，但莫言却描写了它们，并且还令人回味，如在《红蝗》中的描写，"老沙把嘴噘得像一个美丽的肛门""家族里有一个奇丑的男人曾与一匹母驴交配""我多少年没闻到您的大便发挥出来的像薄荷油一样清凉的味道了""多食植物纤维有利健康，大便味道高雅""嘴唇搐动着，确实像一个即将排泄稀薄大便的肛门”“我们歌颂大便、歌颂大便时的幸福时光，肛门里积满锈垢的人骂我们肮脏、下流，我们更委屈。我们的大便像贴着商标的香蕉一样美丽，为什么不能歌颂，我们大便时往往联想到爱情的高级形式，甚至升华成一种宗教仪式，为什么不能歌颂？”这种描述在当时确实是个“禁区”，对此文学界也是褒贬不一，正是在人们的议论和避讳中，隐约间似乎看到一个从“文学圣殿”走入高粱地的莫言，带来的是一种民间“绿色土地”中最原始的气息，就像《红楼梦》中的刘姥姥让人捧腹，就像电视剧《还珠格格》中的小燕子让人耳目一新，就像马戏节目间歇中出现了小丑一样让人忍俊不禁，真正将人引入民间的“欢乐”的世界，这也许是莫言作为老百姓而写作的一次嬗变。

本来，“红萝卜”、“红高粱”已经很红了，莫言完全可以按照这个路线走下去，但1987年的一件事把他拉回到了社会现实。当时山东某地发生了一起蒜薹事件，由于主客观原因，造成农民生产的几百万斤蒜薹卖不出去，最后都烂在地里。这件事触动了莫言，便找了个地方用35天完成了长篇小说《天堂蒜薹之歌》。小说构筑了一个由官僚垄断和警察所统治的“天堂县”，描述了底层人民艰难的生存状态，并剖析了农村文化的落后、思想的贫乏、生存的窘迫。发表后引起了反响，大家对他的突然转向不可思议，这一转向是对现实社会的直接干预，这反映了莫言作为一个出身农民的作家的责任感和良心。正如文学评论家谢有顺所说：“莫言写出了中国乡土的重要侧面。他不是一个耽于回忆的作家，他也面对现实，分享社会的话题，尤其是乡土在新的变革中所面对的那些两难困境，他有一种担当，也渴望由此来表达自己对乡土的复杂感情。”其实，这部小说的最大突破在于他是发自内心的良知而写作，实现了“不是代表老百姓写作，而是作为老百姓写作”的跨越。在这部小说中，莫言所设置的民间艺人张扣，应该不是一个叙事的装饰，他的底层的社会地位，纯粹“民间”的话语方式，无处不在的本能式的反应，还有与百姓完全一致的立场与命运，都表明他是莫言所追求的民间写作伦理的一个化身。莫言的另一部直面现实的反腐长篇小说是1992年出版的《酒国》。当时“下海”大潮汹涌，文学突受冷落，莫言闲居在高密家中，有充分的时间构思、斟酌这部长篇小说，整部作品含义丰富，对中国酒文化有很深的思考，对疯狂追逐新奇特食品的嗜好描写的尤其精彩、精到。小说改变了当代小说的平庸格局，透过抽象荒诞的情节，反讽戏仿的手法，表达了一种两难处境：主观的向善并不能保证人性的善，无法自由选择的存在是人类所共有的痛苦根源。

20世纪80年代末期，人们的政治意识逐渐淡化，一切围着“经济”转，文学艺术领域一时还没找准定位，进入萧条期，许多作家纷纷下海经商。当时，莫言也感到很迷茫，虽然深知自己干不了别的，还是要靠文学吃饭，中间也一直坚持写，但终究没有新的有影响力的作品诞生。莫言正苦闷间，得知北京师范大学文学院在资深教授童庆炳等人的推动和努力下，与中国作协属下的鲁迅文学院合作，开设了面向全国优秀青年作家的作家班研究生班，他积极报名并被录取。莫言在参加作家班学习过程中视野进一步拓展，特别是继承了鲁迅等中国现代作家的批判精神，对于传统文化的痼疾和中国人的文化心理——鲁迅所说的“国民劣根性”，开展了深刻的反思与批判。经过两年多的刻苦学习，莫言于1991年获北京师范大学文艺学硕士学位。正当此时，中国文学也渡过了短暂的沉寂期，以“晋军东征”为标志，开始复苏，贾平凹的《废都》、陈忠实的《白鹿原》等，掀起了新时期长篇小说创作的高潮，接着一大批青年作家也冒了出来，这让莫言产生了新的创作冲动。

莫言在与张艺谋合作拍摄电影《红高粱》之后，深深体察到电影的影响力的确比小说大得多，小说写完以后，除了文学圈也没有太多的人知道，但当电影公演过后，深夜走在马路上还能听到很多人在高声大唱“妹妹你大胆地往前走”，外国人能哼上两句也感到是一种时髦。莫言想“与时俱进”，摸索一条小说与电影联姻的路子。此后，莫言与张艺谋有过几次合作的企图，曾经为他写过一个名为《英雄·美人·骏马》的历史剧本，还为他写过一个故事性很强、写作时就想到让他改编成电影的中篇小说《白棉花》，但都没有成功。数年后，张艺谋才将莫言的小说《师傅越来越幽默》改编拍摄了电影《幸福时光》，小说原本写的是一个劳模临近退休突然下岗了，落了个十分尴尬的境地，由此产生了一系列黑色幽默的荒诞故事。作品主题思想是要力图保持作品的戏剧性的同时，折射时代的改变，让人们的目光始终去关注这些普通人的生活。但在张艺谋的电影中，由于涉及政治敏感性等，主人翁必须改，不能是劳动模范，而改为退休职工，并且不能是下岗职工，这样一来，小说所反映的社会环境就没有意义了。此事对莫言触动很大，进而觉悟到，一个小说家不应该跟在导演的屁股后边，他必须保持自己的独立性，也就是说，应该是导演来找小说家，不应该是小说家去迎合导演。而给他的更大触动是："高密东北乡"才是他的不二的文学家园。莫言曾一度想开拓自己的创作疆域，摸索创作反映城市现实生活的小说，《师傅越来越幽默》就是典型一例。小说讲述了省级劳模丁师傅为工厂卖了一辈子的力气，眼看就可以退休，却突然被抛入了下岗的队伍。一点菲薄的积蓄又被一场伤病花得囊空如洗，不得不以一种颇具讽刺性的方式谋生。丁师傅走投无路的时候，将报废在小树林中的公共汽车壳子改造成"林间休闲小屋"，为男男女女提供幽会、野合的场所，从而使自己又富裕起来。尽管莫言在小说中抓住了要点，也充分显现了黑色幽默和多方面的写作才华，但还是感到创作受到了种种掣肘，无法彻底展开，似乎不幸误入一个没有宽度的世界，深感气力疲弱。于是，莫言又回到了"高密东北乡"。

莫言身处剧烈的文化冲突时代，一次次地冲击中国文学的误区、盲区、禁区、险区，也一次次受到质疑、赢得赞许。针对写作时可能面临的禁锢和挑战，莫言称，对作家来说内心的自由最重要，内心自由了，文学就能自由，就能写出好的作品。相反，内心的不自由才是作家最大的禁锢和挑战。当代著名作家李洱这样评价："莫言创作极丰，下笔千言，却称莫言。古人言，做人须谨慎，为文且放荡。莫言的道德文章，由此可见。”莫言在军校上美术课时，一位教师给他们放一部反映西方美术史中人体艺术的幻灯片，第一个画面是一个塑像，大概是母性崇拜时期的作品，画面上的老祖母腹部和胸部非常发达，体现了当时人们对女性对生殖的崇拜，这个画面根种在莫言的脑子里，并引起他创作一部有关母亲、土地、生殖的小说。有一次，莫言在北京积水潭地铁站看到一个面容憔悴、满是灰尘的农村妇女，抱着一对双胞胎坐在台阶上喂奶，夕阳西下，笼罩着母子三人，凄惨庄严，这更激发了莫言创作的冲动。1994 年 1 月，莫言母亲去世，他很悲痛，又一次想到了女性繁殖与哺乳的神圣，最终下定决心要写一部有关母亲的书，献给母亲的在天之灵。在构思过程中，大量有关高密东北乡的历史细节和自己母亲生了 9 个孩子的情景竞相浮现于眼前，一篇小说很快构思而成。1995 年春节，他在县城南关的家里，长篇小说《丰乳肥臀》一气呵成。出版后仅书名就引起了轩然大波，由于是军旅作家，从政治视角考量，此书更是备受非议。在当时中国的历史环境下，这样的书名在一般人眼里还属低俗，因而失去了一些读者，但也吸引了其他许多读者的眼球，带来的是热闹的围观，但认真阅读，都大呼上当。猎艳者难免兴之所至失望而归，挑剔者大约自会曲径通幽发现真经。发现该作品狭义上是献给作者的母亲，广义上是敬献给大地和所有母亲。小说写了历史、战争、宗教、爱情和饥饿。莫言自己说：“我更加明确地意识到，《丰乳肥臀》是我的最为沉重的作品，还是那句老话，你可以不看我所有的作品，但你如果要了解我，应该看《丰乳肥臀》。”“《丰乳肥臀》是沿着《红高粱家族》路线发展下来的那种小说的一个总结，这里边有比较多的我的人生体验和故乡、家族等原始素材，是对自己进行清算的一种写作方式”。小说中有一个人物上官金童，是位眷恋乳房的男人，离开了母亲的乳汁就无法生存，吃别的食物都会呕吐。本来这是一位具有象征意义的人物，因在中国近代小说史上没有出现过，小说本身受到了一些批评。

莫言还是在压力之下给出版社写信，请求停止继续出版。过了几年，也就是20世纪90年代末，开始有评论家重新注意这部书，有的学者认为，上官这个人物形象，就像人的灵魂深处都隐藏着一个小小的阿Q一样，我们近代的中国人每个人的灵魂深处都有一个小小的上官金童，我们每个人都在眷恋着一些其实并不重要的东西。北京师范大学文学院教授张清华在《叙述的极限》中认为："《丰乳肥臀》是莫言迄今最好和最重要的一部小说，但现在关于这一点还远没有形成'共识'，甚至它还是莫言迄今受到最严重误读的一部小说。即便在专业的批评家和研究者中，也存在着广泛的粗暴而简单化的误读。我不知道是什么原因造成了这种局面，这样一部真正具备了'诗'和'史'的品质、一部富有思想和美学含量的磅礴和宏伟的作品……是新文学诞生以来迄今出现的最伟大的汉语小说之一——至少它已经具备了某些这样的品质。就思想的深度和艺术的容量而言，不管是在当代，还是在整个二十世纪的新文学中，能够和它媲美的作品可以说寥寥无几。""也许很多年中将不会再出现具有这样气魄和品质的作品，因为就艺术的规律而言，它是可遇不可求的。"

上世纪90年代以后，特别是《丰乳肥臀》出版之后的4年间，莫言沉寂下来，开始"大撤退"。其间只是陆续创作了一些影视剧本和大量散文。随着年龄的增长，创作量的累积，他那种有意识的抵抗越来越少，写作变得低调，很多锋芒被藏起来了。他后退一步，有意识地压低写作的调门，但对文学的追求一刻也没停止过，或者说他越来越关注人性，越来越关注影响中国历史进程、触及灵魂的社会问题，让人凝视世间的苦难，以及对天下众生的深切同情，求新、求变，每部作品都会有变化，都有提升和艺术上的追求。正是如此，莫言自1999年开始，迎来了新的创作高峰。先是连续在《收获》杂志上发表了《三十年前的一次长跑比赛》、《司令的女人》、《野骡子》、《师傅愈来愈幽默》等4部中篇小说，又是于两年后出版了长篇小说《檀香刑》，将自己独特的"残酷语言"推到极致。如果说《天堂蒜薹之歌》是一时冲动的速成之作，那么长篇小说《檀香刑》则是莫言长期运筹雕凿的结晶。从他当兵第 3 年探家时在车站听地方戏的一闪念，到 2001 年小说出版，历时 20 余年。莫言回忆：“短篇小说是一闪念而成，长篇小说是一个闪念接着一个闪念。这些一闪念通过人物串联起来，形成长篇初步的构思。”就《檀香刑》而言，“最初的一闪念是地方戏。我当兵后第 3 年，头一次回家。大约早晨六七点钟，我一下火车，在车站广场听到一个破破烂烂的卖油条的小铺子里传出茂腔的声音，我的眼泪哗哗地就下来了——当时想我母亲了。如果故乡有声音的话，茂腔就是她的声音。单纯地写茂腔也不能构成一部小说，又跟胶济铁路的历史、民间抗殖民的英雄故事、义和团、神话传说等等嫁接起来。先是有一些具体的细节，然后再扩展到人物，再扩展到人物周围的人物，脉络就慢慢形成了。”在这部小说中，莫言做了大胆探索，他深深意识到，民间说唱艺术是中国小说的发端和基础，在广大农村尤其是在解放前，农民大多不识字，他们的道德观念、历史知识都从民间戏剧里得来。中华文明数千年，民间文化博大精深，这才是中国的小说语言之源，而不是一味模仿西方的作品，都是些不伦不类的翻译腔调，或文绉绉的官样语言。莫言开始将注意力从对西方文学的借鉴和效仿返回到对中国民间文学的探索和发展上来，他首先想到了家乡戏——茂腔，尽管其中有封建糟粕，对人物的塑造也不甚成熟，情节过于简单，但莫言借用其外壳，将清末山东半岛发生的一起民间反殖民的斗争事件移植进去，最终用真正土得掉渣、但很有生命的语言将《檀香刑》磨砺成为一部戏剧化的小说，或者说是小说化的戏剧。莫言在《檀香刑》的后记中表示：“民间说唱艺术，曾经是小说的基础。在小说这种原本是民间的俗艺渐渐成为庙堂里的雅言的今天，在对西方文学的借鉴压倒了对民间文学的继承的今天，《檀香刑》大概是一本不大合时尚的书。《檀香刑》是我的创作过程中的一次有意识地大踏步撤退，可惜我撤退得还不到位。”中国文坛 20 世纪 50 年代受前苏联文学的影响较大，当时“红色经典”的一个导向是要文艺工作者向老百姓学习，学习他们生动活泼的语言。“文革”期间，受“四人帮”文艺思想影响较重，政治挂帅，命令作家下去“体验生活，深入生活”，形成的都是些程式化、口号式的东西。20世纪80年代改革开放后，西方文学铺天盖地压了过来，许多作家在借鉴中被激活了灵感，打破了许多禁忌，过去许多认为不能写的东西，现在可以写了，新鲜劲过后，再看许多作品，从语言到格式都有明显的模仿痕迹。再后来到的“寻根文学”、“消闲文学”、“逃避文学”等都是一窝蜂地写作，几乎用同一个腔调写作，语言风格基本是一致的，有一种不谋而合的趋同化。莫言慢慢意识到，文学创作，适度地借鉴、附和和从众是必要的，但要有一个度，否则就千人一面，没了个性，一个作家要创作出好的作品，还必须从民间、从民族文化里吸取营养，寻求突破和结点。莫言在《檀香刑》后记里讲的所谓“大踏步地倒退”，实际上是试图用自己的声音说话，一土到底，扬弃“经典文体”、“文革文体”、“外国文体”，探索一种“民间文体”，走上土生土长的民间创作道路，而不再跟着别人的腔调瞎哼哼。小说在结构上也是别具匠心，第一章通过媚娘浪语，向读者巧妙地介绍了全书3个最重要的人物——她的3个爹：公爹、亲爹、干爹，实际上提调起了故事矛盾的总纲。此后3章各自从一个角度使人物关系得到补充展示，开头漂亮，中间部分内容充实而富于黑色幽默，尾部收缩有力而留有余味，发人深思，可以说是“凤头”“猪肚”和“豹尾”。小说一发表，便在文学界的赞许和争议中，于2002年获得鼎钧双年文学奖，入围第六届茅盾文学奖，获台湾联合报“2001年十大好书奖”，并荣登中国小说学会“2001年度小说排行榜”。

莫言在创作道路上一直求索对于表达的突围。传统的技法和他内心丰富的体验总是有很大冲突，特别是对一些与儒家和左翼传统相左的表达，如对一些不能入文的丑陋存在入木三分的描述，常常引起一些批评家的挑剔。但对莫言来说，时空、美丑、虚实的糅合仅仅遵循传统的叙述逻辑是远远不够的，《红高粱》等作品就把家乡的生活图景和历史的多彩存在浓缩在一个奇幻天地间，这是对传统叙述方式的挑战，小说的描述是轰鸣的，可谓人声、虫声、风声、水声、死魂灵声、高粱叶声、炮火声齐鸣，令人身临其境，如梦如幻，有画的色彩，有交响乐的共鸣。到了《丰乳肥臀》、《檀香刑》等，叙述的丰富性更为浓烈，字里行间不断释放出一种野性的情愫，呈现了一个混沌无解的原生态世界。而2006年出版的《生死疲劳》和2008年出版的《蛙》在语言、结构等方面又有创新，特别是对人性的描写更进一步，掺入一些忏悔的思想，触及到了人们意识之下那巨大的心理冰山。他的长篇小说《生死疲劳》共55万字，集中43天一气呵成，积淀的却是儿时的记忆、成年的经历、观察与反思。莫言上小学时，有位老人每天推着车子从他们学校前经过，他是在上级号召加入集体合作社时坚持搞单干的人，被视为顽固不化、逆历史潮流的反面典型，比地主富农还臭，自然是被孤立、被排斥的对象，有人甚至侮辱他，用石子砸他，儿子因此找不到老婆，后来同他决裂，和母亲一块入社了，最后只剩下老头一人，“文革”期间被拉出去批、斗、打。到了20世纪80年代实行生产联产承包责任制，历史戏剧性的宣告了这个老人的胜利。莫言就是根据这一原型，围绕土地这个沉重的话题，阐述农民与土地的种种关系，进而折射中国乡村自1950年土改到改革开放的半个世纪的历史。小说的叙述者，是土地改革时被枪毙的一个地主，他认为自己虽有财富，并无罪恶，因此在阴间他为自己喊冤。小说中他不断地经历着六道轮回，一世为人、一世为马、一世为牛、一世为驴……每次转世为不同的动物，都未离开他的家族、离开这块土地。小说正是通过他的眼睛，准确说，是通过各种动物的眼睛来观察和体味中国农村的变革，革命与变迁、历史与暴力、理想与衰败都被整合在一起，表现得淋漓尽致。在莫言看来，“它强烈地代表了我的写作风格，以及我在小说意识上所做的探索”。汉学家史景迁2008年在《纽约时报》上写道，这部作品“几乎涵盖了这个国家的整个革命时期”，可以说是那个时代的纪实小说。有人说《生死疲劳》

是一部人与地、人与灵、生与死、苦难与慈悲、白昼与黑夜的小说。在小说结构上，莫言第一次尝试采用章回体的方式，使我国自古以来说书人的叙事传统得到了某种程度的复活。我国古典作品采用的章回体的结构，实际是由说书人对着他的听众讲话，也就是一种滔滔不绝的语言的潮流在往前推动，或者是故事带动了人往前走，扣人心弦，引人入胜。而长篇小说《蛙》内容上特别触及到人性中更敏感、更深层的东西。2002 年，日本作家大江健三郎到高密同莫言一块过春节时，问莫言打算写什么，莫言说想以自己当妇科医生的姑姑为原型写一篇与生育有关的小说。莫言姑姑管贻兰，就住在莫言老家邻村沙口子村，是当地家喻户晓的接生婆。她从 1956 年开始从事计划生育工作到 1996 年退休，风风雨雨几十载，经她双手来到这个世界的婴儿，既有跟莫言年纪差不多的人，也有比莫言女儿还小的年轻人。她作为一个乡村女医生的人生经历，反映了乡土中国 60 年的生育史，也揭示了当代中国知识分子灵魂深处的尴尬与矛盾。“从大的国家利益出发，姑姑必须执行这一政策，但是落实到具体的对象上，姑姑的内心又有巨大的痛苦。痛苦到无法承受时，她曾试图用自杀来解决问题，但最后她终于认识到，最好的赎罪方式是忍受苦难，然后尽量做一些好事来弥补自己的过错”。大江健三郎对此很感兴趣，就拜见了莫言的姑姑，并聊了几个小时，认为是一个很好的原型和题材，这更激发了莫言的创作激情。莫言于 2002 年 7 月开始写这个小说，大概写了 15 万字，感到越写越不顺利，就把它放下，先写《生死疲劳》。《生死疲劳》写完后，2007 年夏天，又重新写，原来的 15 万字都不要了，另起炉灶。蛰居孕育 3 年之久，2009 年 12 月长篇小说《蛙》出版，那“书信 + 话剧剧本”颠覆了小说惯常的结构，语言一改过去的狂欢，用家乡方言俚语来表达惊心动魄的事件，用真实的人名、地名营造逼真的场景，让人读起来丝毫不费力气。莫言感言：“前几年，社会上总是用放大镜放大社会中的缺点并进行批判，却很少有人把目光聚焦到自己身上。”他开始学习鲁迅解剖自己、批判自己的做法，《蛙》

就是一部开始执行自我批判的作品，是把自己当罪人写的文学理念的实践。《蛙》的题目十分有意思，在剧本部分作者通过人物之口说出了为何以“蛙”为题，从青蛙到女娲，女娲造人是多子多福的象征，认为蛙是高密东北乡的图腾。在现实中，蛙是壮族的图腾，象征人类强盛的繁殖力和生命力，这也是剧本中蝌蚪关于精子精彩对话的内蕴。计划生育是传媒宣传小说的一种策略，作品根本不是仅仅写计划生育的，我觉得它有更宏大的意图，它写到的是孕育生命。这里面有几个层次的孕育生命，莫言找到一个非常巧妙的切入点，即妇科医生姑姑这个人物形象，而不是孕妇、孕妇的丈夫、孩子的角度，从妇科医生对生命的客观、冷静的角度出发，描述若干个主体对生命的态度，包括孕育者、职业接生人对生命的态度，但更宏大的意图在于时代、社会对生命的态度。依据人道主义观点，每个生命都是独一无二的，但恰恰在中国这个独一无二受到了质疑，把时代历史对生命的态度最终指向一个民族对生命的认识。媒体把《蛙》定位为计划生育题材，就像以前的农业题材小说、工业题材小说，是一个很有意思的宣传策略。但计划生育是一个不好把握的题材，它存在一个人文关怀和历史理性之间矛盾的问题。从历史理性的角度，国家把计划生育作为基本的国策是没错的，但是从人文关怀这个层面上考虑，这又是令很多人特别是农村人无法接受的。面对这个题材，莫言的处理是非常巧妙的，他依然把小说写得很精致，巧妙之处在于他以给日本友人写信的方式来讲述姑姑的故事，以及与计划生育相关的事情。因为是写信的方式，他不可能和盘托出，他要适可而止，一定程度上揭示了这段惨痛的历史，同时又进行了淡化处理，让人文关怀和历史理性之间有了张力。同时也正是因为采用这种写法，一定程度上减弱了作品的冲击力。小说很快引起文学界的注意和震撼，2011 年获第八届茅盾文学奖。就是这样，莫言以一部部泣血之作，变成一个个台阶，最终走上诺贝尔文学奖的颁奖台。

莫言是一位有国际视野的作家，他积极参与国际文化交流，博采众长，兼容并蓄。日本作家大江健三郎于1994年以其作品《个人的体验》、《万延元年的足球队》获诺贝尔文学奖，与莫言是莫逆之交，二人有着相似的少时生活境遇，也有着相似的文学感悟、文学起跑线和文学创作灵感。2002年2月12日，春节期间，他特地到莫言老家高密过年，主要是为了日本NHK电视台的一档人物栏目，他是采访者和推介人。大江健三郎当年已是67岁的老人，先是除夕到了莫言老家，吃了年夜饭，亲眼目睹了本地那繁复而有趣的过年习俗，后到莫言家的老宅、庄稼地头、胶河边进行录影工作，县里安排他住最好的招待所，他不住，反而愿意睡土炕。他多次说过，莫言是中国最有可能获得诺贝尔文学奖的作家。在大江健三郎给莫言的书赠言中说过："莫言先生，作为朋友，我认为你是可怕的对手，然而，仍然是朋友！"他也是莫言的积极推崇者，他曾说过，尽管是对手，但"要是让我来选诺贝尔文学奖获奖者，我就选莫言"。因为"在我们之间，文学上的血缘关系类似。可以说没有人比莫言更接近我们的文学特质了"。莫言对大江健三郎十分尊重，每次他来中国，莫言都要抽时间作陪，不仅出席所有的演讲、研讨会，还友情出席他的签售会等，在莫言看来，"他曾说过我是他的朋友，但我一直是把他当作师长的，即使狂妄一点，也顶多是亦师亦友的关系。大江也在公开场合说过赞扬我的话，我想那是一个前辈作家对后辈作家的褒奖和提携，并不意味着我真的有那么优秀。"从2004年12月25日至2005年1月5日，莫言进行了为期12天的跨年度日本北海道之行，亲身感受大江健三郎的故乡。莫言一行驱车1500多公里，跨越了大半个北海道，沿途进行了多次有关文学的演讲。莫言说，文学创作中细节的描述最见功力，又与作家个人的感观接触密切相关。也许有一天，北海道的河流、冰雪、山林、动物会融入莫言的笔端，成为他营造文学故乡的一部分。2008年5月28日，2006年诺贝尔文学奖得主奥尔罕·帕慕克与莫言会面。在两位作家的交流中，想象力成为重要话题。或许，正是这种想象力的存在，使得莫言的小说《生死疲劳》与帕慕克最为著名的作品《我的名字叫红》的开头在叙述方式和风格上惊人的相似。对于这样的巧合，帕慕克笑着告诉记者："所以，我们两个才能成为好朋友。"莫言谈到："我认为，两个很了不起的作家之间可能会产生心灵的感应，尽管看起来他们写的东西很不相似。世界上这么多的作家，能够成为'作家中的作家'并不多。托尔斯泰尽管很伟大，但他的作品对我的创作影响很小；有的作家虽然距我遥远但我一读他的作品就会产生灵感。我记得我20世纪80年代读马尔克斯的作品就产生过灵感，读两行我就不想读了，因为我的脑海里有很多的记忆被他的书激活了，我要放下书赶快写作。这几年我读大江健三郎的书也产生过这种感受。他的生活中跟我生活中很多东西很相似，我读他的一篇小说过程中很可能会构思出两篇我的小说。"俄罗斯著名文学评论家邦达连科来中国访问时多次与莫言见面并深入交谈，莫言的稳重、平易近人和强大内心给他留下了深刻印象。他曾读过莫言的《酒国》、《丰乳肥臀》等作品，书中对人物的刻画和情节的把握，都让他大开眼界。在他看来："莫言出身农民，是一位真正的人民作家，通过他的作品，能更好地了解当今中国的众生百态。不仅如此，我在阅读莫言的作品时，还经常能看到当代俄罗斯社会的影子。莫言是'史诗级的作家'，是中国文学界的翘楚，他获得诺贝尔文学奖实至名归。"德国汉学家顾彬曾直言莫言的小说太追求故事性，人物太多，还说莫言用章回体写作，是一个落后的作家。尽管说法有些偏颇，但莫言还是闻过则喜，坦陈："德国的很多作家不像我们这样迷恋故事，更多是在思辨。这是我们中国作家的弱项，我们应该在这方面好好补补课。"

莫言曾被文学评论家贴上许多文学标签，有人说是"新感觉派"，有人说他是"寻根派"，也有人说他是"先锋派"，等等，但一直以来，对莫言的作品风格，国内外莫衷一是。多年研究莫言作品的文学评论家叶开认为，在文学世界里，莫言成功地建立了自己的"高密东北乡"文学王国。他作品风格独特、语言犀利、想象狂放、叙事磅礴，在当代中国文学创作中独具魅力。在女作家李静看来，已有30年写作生涯的莫言“仍是个叛逆的少年”，他的作品天马行空，变化无穷，似皆源自一个顽劣精灵对禁锢和衰竭的促狭与敌意……这位本性多嘴好动、却因家庭出身而在早年饱受压抑的作家，终于在小说中安顿了他大逆不道的判断与梦想……莫言的小说世界，乃是自由意志所垦殖的不训的疆土。这片疆土遍布着荒谬与不幸、大笑和哭泣，亦遍布着无数可能，无数岔路……文学评论家孙郁认为，我们过去的文学，过于强调纯粹，忽略的恰是在多语境里呈现的碰撞的东西。只有在复杂的时空里，才有立体的人与精神。莫言的创作就是在这种多元的因素里保持着赤子之心。他知道，一个经历了苦难的民族，展示他们的过去，暧昧的眼光是不能搜索到本质的。只有像鲁迅那样的直面，才可以出污泥而不染，从血腥的存在里找到美丽的闪光点。从《红高粱》到《蛙》，一个个精神围墙被突破了。那种力量感所升腾的浑厚的气韵，在百年小说间的确是个奇迹。几年前，诗人、文学评论家杨小滨在美国学术界的电子邮件群里发起推荐莫言获诺贝尔文学奖的活动，理由是：“强烈的批判意识、勇敢的先锋主义美学态度、鲜明的本土色彩，以及在中国当代最优秀作家中有最多作品被翻译、介绍到西方。”莫言作品的英文翻译家葛浩文所说：“如果你喜欢爱伦·坡，那你可能会喜欢《檀香刑》；如果你更倾向于拉伯雷的风格，那你可能会喜欢《酒国》；如果喜欢语言式小说，那我推荐《生死疲劳》。”诺贝尔奖评审委员会给出的评价：“莫言将现实和幻想、历史和社会角度结合在一起，他创作中的世界令人联想起福克纳和马尔克斯作品的融合，同时又在中国传统文学和口头文学中寻找到一个出发点。”对此，莫言承认两位大师毫无疑问对他的创作风格产生了影响，让他开了窍，但是“自己的小说能够引起较多翻译家的关注和西方出版者、读者的兴趣，还是因为我的小说有个性，中国特色浓厚。我小说中的人物是在中国这块土地上土生土长起来的”。有人从莫言创作的心境和主体意识的变化将其作品分为四个不同时期：自 1981 年发表《春夜雨霏霏》到《民间音乐》、《透明的红萝卜》、《白狗秋千架》，由一位热血文学青年成为一名误打误撞的文学流浪汉，小说多是强调描写童年记忆或者乡村世界，追求生命体验与大自然状态的自然和谐，创作个性还不够鲜明，只是潜意识中找到了自己的文学家园——“高密东北乡”；20世纪80年代中期后，他的“红高粱”小说系列在艺术视野和创作手法上发生了较大变化，作品多以故乡高密为背景，通过“童年视角”，表现“我爷爷”、“我奶奶”等长辈的爱恨情仇，以及这些人物生命中的野性和传奇经历，力图呈现象征着民族勃发的血性，呼唤和歌唱英雄；《檀香刑》等莫言40多岁时期的作品，把视线投向当代农民的生活世界，对他们的情感、生命和人性被压抑的状态给予了充分的关注，反映了他回到民间，以一种民间的视野边走边唱，很个体、很个性，平民意识和乡土写作的姿态表达得非常充分，不再居高临下；以《蛙》为代表的50多岁时期的作品，则表现莫言的心情与过去大不相同，既不歌唱也不平淡描写，而是写人的内心，涉及心灵深处最痛苦的地方，忏悔和拷问自己的灵魂，形成了他独特的融合民间故事、历史和当代的魔幻现实主义创作风格。山东大学教授贺立华认为，这表明莫言已经迈入世界文学家的行列。“一个民族、一个国家有无忏悔意识，也是一个国家文明的重要尺度。”

一般认为，把握莫言的创作风格，至少要注意以下几个结点：一是借鉴与传承的结点。著名文学评论家雷达认为：“莫言小说将现实和幻想、历史和社会角度融合在一起，成功地结合了世界文学经验和民间本土经验，因而具有一种奇异的魅惑力。”有人说，莫言从川端康成身上学会了观察，从马尔克斯身上学到的是写作技法，从福克纳身上寻到了文学的根，而从前苏联文学中找到了魂。莫言在《自述》中回忆：“已是20世纪80年代的中期。我的觉悟得之于阅读：那是十五年前冬天里的一个深夜，当我从川端康成的《雪国》里读到‘一只黑色而狂逞的秋田狗蹲在那里的一块踏石上，久久地舔着热气’这样一个句子时，一幅生动的画面栩栩如生地出现在我的眼前，我感到像被心仪已久的姑娘抚摸了一下似的激动无比。我明白了什么是小说，我知道了我应该写什么，也知道了应该怎样写。在此之前，我一直在为写什么和怎么写发愁，既找不到适合自己的故事，更发不出自己的声音。川端康成小说中的这样一句话，如同黑夜中的灯塔，照亮了我前进的道路。”马尔克斯文学创作的最大特点就是善于将现实和虚幻巧妙结合。其故事情节的编制，往往“似真亦假，似假亦真”，虚虚实实，妙在似与不似之间。现实是基础，而虚构是技法。莫言从福克纳小说《喧哗与骚动》构建的“约克纳帕塔法县”里，得到的启示是“一个作家，不但可以虚构人物，虚构故事，而且还可以虚构地理。他的约克纳普塔法县是完全虚构的，我的高密东北乡则实有其地。我也下决心要写我的故乡那块邮票般大小的地方。这简直就像是打开一道记忆之门，童年的生活全部被激活了。”他在“讲故事的人”演讲中，特别阐述了他与福克纳、马尔克斯的关系：“我必须承认，在创建我的文学领地‘高密东北乡’的过程中，美国的威廉·福克纳和哥伦比亚的加西亚·马尔克斯给了我重要启示。我对他们的阅读并不认真，但他们开天辟地的豪迈精神激励了我，使我明白了一个作家必须要有一块属于自己的地方。一个人在日常生活中应该谦卑退让，但在文学创作中，必须颐指气使，独断专行。我追随在两位大师身后两年，即意识到，必须尽快地逃离他们。他们是两座灼热的火炉，而我是冰块，如果离他们太近，会被他们烧掉。”前苏联和我们都是社会主义国家，文学创作的社会环境有许多相似之处，但早在20世纪三四十年代，前苏联作家就开始探索站在一个相对超然的角度来看人、写人，把敌人也当人看待，当人来写，尽管有很多高官批评肖洛霍夫站在白匪的立场上来写小说，但并未影响他成为一位伟大的作家。也有一些前苏联作家，作品中对社会看似没说什么，但对自己心中善与恶的搏斗却写得淋漓尽致，这些东西是超越国界的，属于全人类。莫言从中看出了端倪，也不断强化创作的底气。他早在获得诺贝尔文学奖之前，就已经是中国先锋文学的一位杰出代表，通过对外国文学的借鉴和中国传统文化的继承，大胆探寻，以先锋性的艺术思维和文学创新在20

世纪80年代开始产生巨大的轰动效应。在他看来，“创新离不开传统，创新也必须向外部学习。你只有知道我们的祖先曾经给我们留下了什么东西，你只有知道现在国外的作家在写什么、怎么写，你才有可能在这样的基础上创新。另外，我觉得要创新还必须大胆向小说以外的艺术形式借鉴，比如传统的作家应该谦虚一点，向网络作家学习、向年轻作家学习，如果你不了解年轻人写了什么东西，你谈创新，也是一句空话。当然，还要尽量涉猎更多的艺术样式，包括话剧、戏曲，任何一种艺术元素都有可能被移植到小说里面，任何一种艺术样式都有可能激发作家的创作灵感。”“要不断地写作、不断创新，不愿意重复自己，实际上就要跟自己斗争，不断地要向自己发起挑战。所以我主观的愿望很强烈，创新的意愿也非常强烈。”

在莫言看来，任何一种艺术濒临危机的时候，要想继续生存发展，大约有两个药方可救，一是向外国学习，一是从民间汲取。所谓向外国学习，实际上是一种比较，通过比较，你才可能知道自己的差距。而从民间汲取，是在比较之后，力求创新的资源。当然，这种所谓的汲取，不是生搬硬套，而是经过想象力的加工改造，使它成为属于你的东西。莫言一系列乡土作品充满“怀乡”、“怨乡”的复杂情感，被称为“寻根文学”作家，而其作品也深受马尔克斯的魔幻现实主义的影响。文学评论家孙郁认为，“文革”后的文学一方面是回归五四，一方面是向西方学习。莫言是二者兼得，择其所长而用之。最初的时候，许多批评家对其并不认可。如今读当年那些小说评论，应当看出批评界的滞后。莫言曾提出“所有的文学都是乡土文学”的观点。“过去，乡土文学只是指农村现在看来是褊狭的。时代在发展，乡土的内涵也在变化，乡村与城市的差别在缩小。另外，乡土与故乡是同义词，每个人都有故乡，即便是我住在北京也和故乡有千丝万缕的联系。所有的文学都依赖乡土，荒郊野村是乡土，繁华都市也是另一种乡土。”著名文学评论家雷达认为，莫言的所有灵感似乎都来自于乡土，但他只是从乡土出发，而不是拘泥于乡土的精致写实。《丰乳肥臀》纷繁的家族史与政治史；《檀香刑》“让人忍受最大痛苦才死去”的刽子手文化；《生死疲劳》生死的轮回表现。其乡土是野性的，梦幻的，恣肆的，血腥的，超验的，是形而上与形而下的极致化的结合，因而其实是超乡土的，是乡土之上的另一种精神结构。严格意义上说，莫言并非乡土作家。中国那么大，处处是乡土，处处有故事：有茶馆的故事、有编辑部的故事、有高密东北乡的故事，我们每个人生活的环境都有丰富多彩的故事，关键是有没有发现故事的眼睛，有没有挖掘故事的悟性和韧劲，有没有观察到别人没有观察到的东西。从一定意义上说，小说不仅仅要讲故事，更重要的是要借助想象力和经验写出许许多多给人留下深刻印象的细节。

近些年来，国内模仿西方魔幻现实主义写法的小说很多，很少有写出具有自己特色的东西，一个根本原因就在于老是跟在人家后面，克隆一些类似的素材，而我们中国的魔幻小说，或者超现实小说，应该建立在我们自己的思想素材上。就是说，一方面要向西方表示敬意，另一方面要以我们民族自己的素材跟它们对抗。著名文学评论家陈晓明认为，“莫言的文学手法广阔而多样，非常丰富，一方面受到批判现实主义作家的影响，如托尔斯泰等；另一方面还深受现代派，如福克纳、卡夫卡、博尔赫斯的影响。与此同时，他将中国的地方戏曲和民间艺术融入其中，创作出自己的风格。”毋庸置疑，中西文化是有很多差异，但也有异曲同工之处，比如在文学创作过程中，作家的写作是非常丰富的话题，但抽象出来讲，最终东西方所有作家探讨的都是人性。只有发现人性并且张扬人性，作家才能完成自己的历史使命，如果作家在人性方面没有自己的发现，他的作家称号是值得怀疑的。莫言也认为，“我的作品一直在写人，既直面人生，又立足于写人的角度，我的小说里，一直把人，把所有的人，都当人来看，无论是所谓的好人，还是所谓的坏人。在我的笔下都用了一种充满同情的态度，不是说要把一个人美化成什么，也不是说把一个人丑化成什么，我是站在人的立场上的一种写作。”“把所有的人，都当人来看。”“人性很复杂，一代又一代作家的探讨，至今没有探讨清楚，所以还要继续探讨下去。”莫言探讨的成果是：努力将人物的外在冲突转化为内在冲突，着力写人本体的灵与肉、理与情的剧烈冲突，从而大大增加了展现人性的深度。正是这样，才更容易引起东西方读者的共鸣。莫言长篇小说《蛙》于2011年获得中国文学中最有影响力、最具权威性的“茅盾文学奖”后，于2012年荣获诺贝尔文学奖，充分说明中西方文学评判标准、价值取向的趋同。北京师范大学教授张清华认为，“某种意义上，如果说中国的汉语新文学诞生以来迄今有‘两个最重要的作家’的话，那么无疑就是鲁迅和莫言了，不管你承认与否，这一点将会逐渐成为不可动摇的事实。”当然，这只是一家之言，还要经过历史的检验。但有一点是肯定的，他继承了鲁迅，但又有创新，或者说又不同于鲁迅。鲁迅首先是一个思想家，然后才是作家，他的作品每一个笔画都沾满了他的思想，如他对国民性的针砭，对人性弱点的洞悉，对中国历史和文化的批判等等真是入木三分，但莫言在尖锐和深入的程度上还有所前进，只是定位、视角、风格不同而已，譬如说，鲁迅的作品也多是乡土的，但运用的是知识分子的视角。鲁迅是中国新文化运动的旗手，是启蒙者，他谴责落后，揭示国民性中的病态，是一种典型的居高临下，采用的是启蒙主义的叙事方式，而莫言却是身临其境，是苦难的承受和体验者，坚持的是民间写作，是用当事者的思维来思维、来表达，不刻意去鞭挞什么，提倡什么，教化什么。在鲁迅的作品里多是先知者、启蒙者和拯救者的呐喊，“哀其不幸，怒其不争”，试图用文字来拯救他的人民；而在莫言的作品里多是那些社会底层食不果腹、衣不遮体的人们努力将死亡拒之门外的愤怒和快感。鲁迅对中国传统文化是持否定态度的，特别是把“孔孟之道”视为吃人的礼教，而莫言看到了传统文化中的精华和瑰宝。莫言对于中国传统文化的理解就不止是“吃人”，而是有充沛的生命力、有“结构性活力”的一种文化。他《红高粱家族》中的“爷爷奶奶”，出入于红高粱大地，“既杀人放火，又精忠报国”的性格，是反主流与正统文化的，甚至是“反进化论”的。从“爷爷奶奶”，到“父亲母亲”，再到“我”，历史不是呈现了我们习以为常的“进步”，而是一种可怕的倒退，这是对中国正统作家们所描写的“进步论神话”的一个反拨与补正，同时也是对他们表现出的反思精神的一个深化与承续。《红高粱》里是有过这么一句的：“他们……使我们这些活着的不肖子孙相形见绌，在进步的同时，我真切感到种的退化。”鲁迅“横眉冷对千夫指，俯首甘为孺子牛”“敢于直面惨淡的人生，敢于正视淋漓的鲜血”，而莫言的作品大都避免谈及当代问题，而是对20世纪喧嚣的中国进行了回顾。其中通常会谈及政治问题，揭示黑暗现象，也充满了幽默感。他本人也承认自己在现实生活中“胆小如鼠”，但在他的文学王国里却是“颐指气使，胆大妄为”。他的《檀香刑》是对鲁迅小说“围观主题”“嗜血主题”的深化，甚至，在对中国传统文化的内部结构的分析方面，他比鲁迅有着更精细和传神的表达——比如关于孙丙的描写，在封闭自足的文化状态下，他作为猫腔戏班的老板，原本是个“达人”，但在外来强势文化侵蚀下，他就变为“丑角”，成了谎称“岳大将军神灵附体”的装神弄鬼者。他注定会反抗，率领一伙村民叫板德国入侵者，但结局自然也就只有两个——要么变成洋枪洋炮之下的牺牲品，要么变成失败者的内部统治者的替罪羊和替死鬼，被捕后遭受檀香刑而死。这就是中国文化内部的裂变，孙丙的死和阿Q的死是如出一辙的，但与鲁迅相比，莫言却将这一出戏演到了极致。从一定意义上说，鲁迅是悲观主义者，莫言更乐观，更潇洒，更超然。他所描述的“文革”期间的乡村，尽管生活贫穷落后，但生活中还是有欢乐，即使在温饱都没有保障的情况下，生活中还是有理想和追求的。因为在他的潜意识里，生活是五光十色的，包含着许多虚幻的、难以捉摸的东西。生活中也充满了浪漫情调，不论多么严酷的生活都包含着浪漫情调。生活本身就具有神秘美、哲理美和含蓄美。从一定意义上说，莫言的作品一方面是凄楚、苍凉、沉滞、压抑，另一方面则是欢乐、激愤、狂喜、抗争，是二者的结合体。莫言学会了鲁迅的拷问黑暗的笔法，也多了一种鲁迅身上没有的东西。他不仅写了看客麻木、丑陋的心理，更进一步刻画了刽子手的险恶与凶残，这不仅给予人们精神上的悸动，也留下了生理的苦楚，特别是《酒国》、《檀香刑》中的叙述，甚至超出了读者的忍受极限。鲁迅直面死亡时，写的是心理的惊异和精神的盘诘，而莫言却耐心地雕刻着死尸、人肉宴以及性虐待，所有道学的假正经和神异性在此消灭了。我们从他的作品里读到了太多的正史里没有的东西。

二是土与洋的结点。有人说，莫言的小说都是从高密东北乡这条“破麻袋”里摸出来的。莫言的二哥管谟欣看弟弟的小说：“都是庄稼地里长出来的东西，寻常得很。”在乡村，“高粱地里的呱”是荤段子的代名词，认为是上不了大雅之堂的。莫言本人也承认：“我作为一个山东高密人，农民的后代，储存的就是高粱、水稻、黄牛……想象力不那么神秘，是可触可感的。现在年轻人的小说和我们不一样，我们是饥饿的一代，他们是过剩的一代。他们是生活在高科技高资讯的时代，电视、电脑、动画充斥着他们的生活，留在他们头脑中的东西与我们不一样。人的复杂心理过程是任何电脑难以比拟而望尘莫及的。”“我的普通话到现在都有地瓜味。”“我的想象力是饿出来的。”山东师范大学教授李掖平对莫言给予了高度评价：“莫言是一个具有球状闪电般魔幻诡奇的艺术才情和飞落天外的艺术想象力，以及永不倦怠的先锋探索艺术精神，毫无恢弘雄厚的艺术势力的优秀作家。他的作品既暴躁凌厉又沉厚绵软、既灵动飞扬又凝重粘滞、既狂狼粗粝又雅驯精致，既远兜远转旁敲侧击又开门见山鞭辟入里，将许多本不协调的审美元素奇妙地杂糅一体且浑然天成，直读得你忘乎所以若醉若迷。”瑞典文学院常任秘书彼得·恩隆德说：“他的写作方式是如此独特。只要你阅读半页莫言的作品，你就能马上意识到这是出自他的手笔。他从自己的成长背景中汲取素材。”英国著名汉学家闵德福曾这样评价莫言的作品：“其小说澎湃激昂、风格独特，勇于反映中国农村生活的残酷现实。”也有国外媒体评论说，莫言描写发自肺腑的快乐和存在主义的困窘，笔下的人物往往鲜活生动、夸夸其谈。他早期的作品坚持直白的叙述结构，以生动的描述和粗俗的幽默见长，后来变得更勇于尝试变换讲述者身份和采用天马行空般的叙事风格，常常被称为“中国魔幻现实主义。”

也有人说，莫言的作品语言“土的掉渣”。世界上许多民族都有自己的语言，即使在中国，虽然以汉语为国语，以“普通话”为官方和正式交往语言，但“山东话”、“河南话”、“四川话”、“广东话”等等，各不相同，即使在同一省份，方言土语也相差甚远。从纵向看，中国语言也有一个历史沿革过程，自古以来，官方语言和书面语言与民间语言是有区别的，前者在“五四”运动之后，又分为文言文和白话文，它们对民间语言有冲击、影响和改变，但各地民间语言仍然保有许许多多独特的“原汁原味”的东西。莫言的作品，特别是后期的作品，彻底地摒弃了那种西化的知识分子语言，或者说是文人腔，越来越靠近民谣的韵致，在中国民间语言的土壤上，建构了一种真正的汉语语言：“非普通话”的“方言”语言。这种语言朴素而幽默，富有色彩和轰鸣，既是文不雅驯的土语的流溢，也有绘画感与音乐感的词语的点燃。莫言就认为，自己家乡话的许多方言土语，一旦写到书上，是非常典雅古朴的古语，反而能够被人理解。比如他们说一把刀锋利，不说锋利，而说“风快”；说一个姑娘漂亮，也不说漂亮，说“奇俊”；说今天天气很热，不说很热，而说“怪热”；说狗夹尾巴夹得紧，不说用力夹，而说“死劲”夹。这些方言土语，写到小说里，完全可以看得懂，而且有非常强的感染力。当然，语法还是要遵循的，汉字是不能生造的，起码还是能够让人看得懂的汉字。莫言是摄取其中的精华，也不排斥时代语言，如网络语言、串烧语言等，在他看来，这类语言非常活泼，内容也和当下息息相关，很有生命力、感染力。著名文学评论家鲁枢元认为：“一些小说家的创作天性里原本就更多地具备了言语的心理内向性，如张承志、莫言、残雪。他们的言语风格，其中特别是莫言，我总觉得是闻一多与布勒东的媾和。比如莫言的一些文字曾经招致不少批评，批评者的着眼点往往只是小说家字面上的‘猥亵’，而没有注意到小说家的文学言语审美特质，其实这样的文字讲述了小说家写作时近乎迷狂的心境，这文字正是一颗癫狂心灵的内分泌。”莫言的作品中，不仅把方言土语运用到人物对话里，而且运用到叙述之中，更显得“原汁原味”，绿色天然。有人说，读莫言小说，仿佛在看语言文字的火焰：五光十色，缤纷多姿。著名学者李银河认为，莫言的小说开创了一种很民俗的写法。他对色彩的感觉特别好，他的小说很像有些夸张的民间那种民俗画，色彩上喜欢红绿大对比，绚丽多彩，独居一格。他的小说还揭示了我们民族性里所携带着的那种残酷性。著名文学评论家孙郁认为，莫言的文字，击碎了萎缩与暧昧之维，令人想起汉唐诗文里“如决大川，如奔骐骥”的气象。他于血色与悲剧里，换回了消失的尊严与梦想，他的厚重感所昭示的哲学，让人读出了中国文化生生不息的隐秘。台湾著名文化人龙应台认为，莫言创作当中充满土地的元气，莫言得奖，代表“最泥土的人就最国际。”弗吉尼亚大学中国文学教授查尔斯·劳克林说：“他的小说有一种粗鄙的、乡村式的语言，与农村背景很好地结合在一起。”对于有批评莫言作品中过多的暴力和苦难描述，他表明了自己的观点：“对于我们这种经受过苦难，见过苦难场面的人来讲，我觉得是有责任把它写出来，这是血液里流淌的东西。对于作品中的暴力描写，其实残酷是所有人类都具有的一种隐藏本性，随着故事的推进和环境的演变，自然而然出现的元素，并不是我为了吸引眼球硬造出来的噱头，这些读了作品的人可以理解。”

三是弘扬与批判的结点。在中国历史文化中，有“重教化”、“文以载道”的传统，从延安文艺座谈会以后，文学一直作为革命的齿轮和螺丝钉，广大文学工作者纷纷奔赴战争前线，采风、创作、呐喊，开辟了对敌斗争的又一战场，可以说，他们为中国革命的最终胜利、新中国的成立发挥了不可替代的积极作用。解放后，因深受前苏联的影响，文学更是置于一个不合适的位置，特别是在20世纪五六十年代，作家被捧到了一个非常高的位置，被捧为人类灵魂的工程师、时代的代言人，肩负着教化社会、教育人们、提高全民素养的重任。到了“文革”期间，文学成了纯粹的政治工具，“政治不纯”的文学被叫停、查封或痛批，作家中歌功颂德者吃香，文学本身的娱乐功能、民间艺术特点等被大大削弱和改变。而经历“文革”后，许多作家头脑深处还是有一种根深蒂固的优越感，认为作家的职业就是应该居高临下，是人民的代言人。他们扎堆反攻极左政治，一时间“伤痕文学”很有市场，几乎所有的作品都在控诉“文化大革命”的罪恶，并且负载着太重的政治任务，根本没有独立的文学品格。此时莫言深深意识到文学必须摆脱纯粹为政治服务的圈子，才能写出比较完整意义上的文学作品。他注意探索将揭露罪恶、控诉苦难变奏为力透纸背的反讽，既淋漓尽致彰显时代的严峻，又不动声色但热烈赞扬中国人性的光辉。他从自身的人生和创作经历中越来越意识到卑微，虽然后来拿到了硕士文凭，但他始终认为自己本来就是老百姓，创作也没有过多的考虑宣扬什么，教化谁，只是将个人的痛苦、喜怒哀乐发泄出来，说白了，自己是“作为老百姓而写作”。这样，他就能摆脱过多的束缚和羁绊，全身心地沉浸在泥土的深处。大地的精魂与地狱的苦难，都在其作品里以雄放的姿态出现了。

从一般意义上，作为知识分子，应该具备独立思维的勇气和能力，要有一种能够在社会各种压力之下特立独行的品格。他们理应对现存体制的优越予以赞美，更有义务未雨绸缪，发现并揭露体制中的种种问题。不论多么完美的社会，不论多么进步的体制，依然存在许多弊病，知识分子就是要在这些体制里充当挑毛病的人，天然构成跟历史和社会的紧张关系。德国文豪歌德曾在魏玛公国担任部长等要职，同时也一直在文学界和思想界享有崇高地位。在现实中，二者的契合是很难的，思想的独立有时候容易做到，但在行动上的独立，确实很难。就国际上而言，20 世纪 60 年代，西方很多知识分子有一种巨大的恐怖，生怕被体制甩出去，后来到了八九十年代，西方很多知识分子又害怕自己变成体制中的一分子。在中国，几十年来最大的恐怖就是生怕被甩到体制之外去，20世纪五六十年代，“反右”、“文革”之后，知识分子很少敢于坚持和表现自己的个性。莫言对中国1949年以后多灾多难的历史是有着深刻的解读和独特感悟的，有些作家直白的围绕政策、获奖、市场而写作，莫言的高明之处在于他的创作把国内政治、文学本真和国外时尚融为一体，达到了独特的“批判的艺术”境地。他是在一种不纯粹、不完美的环境中来表现人性的美，把丑恶和美丽的东西杂糅在一起，在一个很混沌的、很复杂的时空中展现人性，颠覆了以往革命文学对人物的塑造，对人性弱点的观察和中国几百年的历史反思尤为独到和深刻。在他看来，一个人的内心世界哪怕是一个孩子的内心世界，也是非常复杂的，这种内心世界的复杂性就决定了人的复杂性。人是无法归类的。善跟恶、美跟丑总是对立统一地存在于一切个体中的，不过比例不同罢了。更为殊异之处是他以布衣之躯，写天下众生，不是布道，不是为百姓写作，而是作为百姓的写作。伦敦大学亚非学院中文教授贺麦晓认为，莫言属于“文化大革命”后开始用新的眼光关注中国社会尤其是农村社会的一代作家。他的作品没有描写社会主义超级英雄，而是充满了具有弱点的真实人物，与此同时他把中国农村写成一个“发生奇妙事情的神奇的地方”。这样，他作为一名中国共产党体制内的官员，一边在摧枯拉朽，一边又在力挽狂澜，始终以执政党“清流”的身份发言。有人说莫言趟出了一条新路：他是体制内的作家，但却比体制外作家更能深刻批判体制；他看似迁就了现实，但却显现了更深刻的现实；他想像一个荒谬的世界，但却不撒谎。他是作家，就用作品来说话，说真话。莫言的文学创作具备了超越地域、民族、政治的魅力和价值，闪烁人性光芒。莫言称：“其实不是我敢不敢对社会上的黑暗现象进行批判，而是这燃烧的激情和愤怒会让政治压倒文学，使这部小说变成一个社会事件的纪实报告。小说家是社会中人，他自然有自己的立场和观点，但小说家在写作时，必须站在人的立场上，把所有的人都当作人来写。只有这样，文学才能发端事件但超越事件，关心政治但大于政治。”长篇小说《蛙》就表现了莫言关心政治，关心生存，关注重大社会政治问题的一面，涉及政策又超越政策，能上升到生命的尊严和人类的大爱上，表现了人的生的权利与暂时不得不有所遏制之间的悲剧性冲突。

对于莫言的“艺术的批判”，有人说他“怯懦”、“不敢批判现实”而口诛笔伐，也有人认为莫言是靠揭中国人的丑起家。由于莫言作品写法的奇特，对传统叙事的颠覆，甚至对人性的格外关注，在20世纪80年代，即使根据他的小说改编的电影《红高粱》在柏林拿了金熊奖，也有人认为他的作品丑化了中国人和中华民族。诚然，经典小说从来都是具有批判力的，但批判的方式不同。受传统、信仰、背景、喜好等影响，古今中外文学作品各有不同，否则作家就没了独特风格，就没了个性。中华文明数千年，为人类留下了无数的宝贵精神遗产，但也存在种种陋俗、劣根和人性中的缺陷，莫言在其作品中也作了酣畅的揭露和批判。对此，有人说他太过分，有人却认为还不够入木三分，而莫言本人则认为，文学首先是文学，作家生活在社会当中，所以他描写的社会包含了各种各样的社会问题。一个关心社会的作家，一个关心民众疾苦的作家，他的作品自然带有批判性。文学作品的批判性是一个重要的功能，但是好的东西也要歌颂，真善美也要歌颂。所以一个作家在选择题材的时候，肯定有一种内在的东西激发了他的共鸣，产生了创作的灵感，然后才可能让他运笔如神。“作家对社会上存在的黑暗现象，对人性的丑与恶，当然要有强烈的义愤和批判，但是我们不能让所有的作家用统一的方式表现正义感，有的作家可以站在大街上高喊口号，表达他对社会不公正的现象的看法，但是我们也要容许有的作家躲在小房子里悄悄地用小说或者诗歌或者其他文学的样式来表现他对社会上这些不公正的黑暗的事情的批判。”莫言是没有以新闻、评论、行动的方式来显示他的勇敢，他的“鲁迅般的风骨”，他的风格被人称为“艺术地批判”，被外国人追捧为“将魔幻现实主义与民间故事、历史与当代社会融合在一起”。他的不同作品所涉及的背景包括推翻中国最后一代帝王统治的辛亥革命、日本充满兽性的战争入侵、共产党创建的新中国于20世纪50年代执行的土改政策未能达到预期目标，以及“文化大革命”等。有评论说，“艺术的批判”不是止于批判，有比批判本身更高层次的思索，其力度未必弱小，持续的时间也未必短暂，经典的小说从来都是最具批判力的，从来都能穿越时空，直指当下，昭示未来。莫言正是坚守自己的这一创作方向，深深扎根在家乡和民族文化沃土之中，同时又大胆吸收借鉴西方文学的表现手法，独树一帜，用作品说话，越来越赢得中国和世界文坛的肯定。莫言认为，即使在法治社会，人们还是要在各种各样的限制中生存。文学创作中的自由和人在社会中的自由，有一些共同之处。在文学创作上，完全的自由也是没有的。写小说起码要遵循一些小说的基本规则，哪怕你是一个完全崭新的突破，但前提是你必须能够让人看懂，哪怕是多数人看不懂，也要让少数人看懂。文学创作的自由因为是“戴着镣铐在跳舞”，是一种被限制的自由。

综观莫言的作品，虽然也曾写过《天堂蒜薹之歌》这样为民请命、《酒国》这样反腐败的具有强烈现实批判色彩的作品，但这样的作品在其创作中只是极少数。莫言善于用自己的智慧来处理那些历史上或现实中的重大问题，他游走在意识形态的边缘，用自己的方式来表达自己对这些问题的思考。这背后也隐含着他特殊的人生经历。莫言在年仅11岁时被迫辍学务农，连当兵也被人告发“出身不好”。这种人生经历容易造就反抗与懦弱兼具的人格，莫言有抗争，但“环境力量”又完全可以将他碾得粉身碎骨，特别是在农村、在“文革”期间更是如此。在强大的“环境力量”下，自幼叛逆、好挑战权威的莫言变得自保，自嘲“莫言”了。但他找到了说话的空间，在小说里表达他的屈辱和愤怒，在这个虚拟的世界里，他拥有了一切，指挥一切，他创造了一个瑰奇的世界，满足了他所有的批判和梦想。他在获奖演讲中说“一个人在日常生活中应该谦卑退让，但在文学创作中，必须颐指气使，独断专行。”其实，我们对一个作家最大的价值判断，是看他写了什么，而不是看他做了什么。莫言把自己界定为一个讲故事的人，他把故事讲得感动了诺贝尔评委，这对一个作家是不小的文学成就。作家未必是公知、意见领袖或社会活动家，对他们既不必迷信，也不必求全责备，过于严苛。莫言本人就认为，“我的贡献就是打破了作家的神秘感。像我这样一个人竟然是中国著名作家。你们不要认为作家满脑子学问，很有风度，很有架子，很有思想。我就不是这样。”“大家看看，我这么一个熊样的人，竟然被说成‘中国著名作家’，对作家的神秘感和崇敬感，是不是顿时就会烟消云散呢？”正因为此，莫言获奖，获得了国人的广泛认可。原中共中央政治局常委李长春，2012 年 10 月 11 日致信中国作家、中国作家协会副主席莫言获得 2012 年诺贝尔文学奖，表示祝贺。李长春在贺信中说，随着我国改革开放和现代化建设的迅猛发展，中国文学迸发出巨大的创造活力，广大中国作家植根于人民生活和民族传统的深厚土壤，创作出一大批具有中国特色、中国风格、中国气派的优秀作品。莫言就是其中的杰出代表。莫言获得诺贝尔文学奖，既是中国文学繁荣进步的体现，也是我国综合国力和国际影响力不断提升的体现。希望广大作家坚持以人民为中心的创作导向，贴近实际、贴近生活、贴近群众，创作出更多无愧于历史、无愧于时代、无愧于人民的优秀作品，为中华文化繁荣发展，为人类文明进步作出新的更大贡献。10 月 12 日，外交部发言人洪磊主持例行记者会。对于莫言获得 2012 年诺贝尔文学奖，发言人说，我们对莫言先生获得 2012 年度诺贝尔文学奖表示祝贺。莫言先生是最近一届茅盾文学奖得主，他的文学造诣有目共睹。中华民族拥有悠久的历史和灿烂的文化，这是全人类的共同财富。我们欢迎世界各国朋友更多地了解中国文化，感受优秀中国文学的魅力。山东省作家协会于 10 月 12 日上午向 2012 年诺贝尔文学奖获得者莫言发贺信。贺信说，莫言是中国当代作家的杰出代表，几十年来始终秉持高尚的艺术追求，深深植根家乡土地，紧密贴近人民大众，热忱关注现实生活，辛勤耕耘、潜心创作，奉献了一大批思想内涵深刻、深受读者喜爱的优秀作品，在国内外文坛享有广泛声誉。莫言以卓越的文学成就为家乡增添了光彩、赢得了荣誉，为全省广大作家艺术家树立了楷模，家乡文学界为莫言感到骄傲和自豪。贺信祝贺莫言有更多精品佳作问世，在文学创作道路上取得新的成就。

四是历史与现实的结点。在写作技法上，有人说是关注历史，有人说是看重现实，莫言则认为，我们就活在历史当中，所谓的现实马上就会变成历史，任何现实问题都是历史问题的延续，无论多么遥远的历史都包括现代性。意大利学者克罗齐说："所有的历史都是当代史。"意味对过往历史的解释总带有时代的意识形态。所以在写小说的时候，作家写着写着就会忘记自己写的是历史还是现实，后来就知道自己的小说，既有历史又有现实，是现实和历史的融合。莫言以富于独创性的灵动之手，翻开了我国当代战争文学崭新的一页——他把历史主观化、心灵化、意象化了。作品在传统的骨架上生长出强烈的反传统的叛逆精神；把探索历史的灵魂与探索中国农民的灵魂紧紧结合。有学者认为，莫言是以自己的感悟去书写心中的历史，在历史与现实的大跨度中，人的生存焦虑、民族的生存焦虑缠绕在一起，构成来自民族内部的精神痛楚和两难困境。也有学者认为，拨开莫言创作的语言特色和创作技巧，莫言是扎根在中国大地深处，架起现实批判和历史反思两个支点，以百姓的视角，饱含现实忧患和历史沉思，置身其中，寻找并揭穿国民劣根性和民族精神的创伤，以悲悯的目光呈现历史进程中人的境遇和命运，探求在中国消费主义大潮中文化与生活信仰的重建之路。著名文学评论家雷达认为，"《红高粱家族》这一系列仍是莫言迄今为止最具代表性的作品。《红高粱家族》与我国以往战争题材作品面目迥异，它虽也是一种历史真实，却是一种陌生而异样的、处处留着主体猛烈燃烧过的印痕，布满奇思狂想的历史真实。我们大口呼吸着高粱地里弥漫的腥甜气息，产生了一种难以言说的神秘体验和融身于历史的'浑一'状态。其最深刻的根源乃在于作家主体把握历史的思维方式之巨变。"笔者认为，《檀香刑》是《红高粱家族》的升华。莫言的《红高粱家族》在把握历史的思维方式上是有巨变，它颠覆了“文革”中单一且极端的历史叙述方式，这是极大的进步，但这仅是初步的，还没有彻底摆脱“经典文学”的影响，而长篇小说《檀香刑》的叙述方式就有意识地让历史回归常识，恢复历史本身的复杂性、神秘性和戏剧性。小说叙述的是一件义和团时代山东农民反洋人势力的传统故事，这样的故事，过去在政治意识形态话语系统、知识分子的话语系统、民间话语系统里都被单一地表现过，可以演化为各种诠释，而莫言的诠释却充分展示了多元的可能性。著名作家、学者冯骥才就认为，在“文革”时期，出于当时的政治需要，把义和团树立为革命典型，是农民自觉的反帝反封建革命。于是，根据政治宣传的需要，对义和团进行诠释，把不能诠释的部分统统搁置，这就脱离了历史的真实。将这些草根英雄人为地拔高为高大全的革命英雄。这样，我们就无法通过这种被拔高的英雄来认识当时的历史。

有人说莫言创作是一种民间视角，其实，更进一步讲，是一种民间童年视角。在莫言童年记忆里，饥饿、水灾、母爱、辍学、放牛、听书、孤寂、挨批、恐惧、抗争、忧虑、压抑等留下了太深的痕迹。他的创作，从场景到人物，从表述方式到语言风格，无不发端于童年，多是童年时期的农村生活经历，甚至更为久远的乡村口头传说。他努力唤起那些缥缥缈缈的少时感受和记忆，并以之去重新塑造那些生活，从而创造出似是而非的全新的“第二生活”，或者说独特的艺术世界。文学评论家、北京师范大学教授张清华认为：“莫言的小说似乎并无殊异之处，主要以讲述故乡乡土生活为内容，然而他的小说中有一种不同凡响的灵动之气，这灵动是来自于他对土地的感动和理解，对自然的热爱与通灵。他喜欢用童年的视角、孩提的眼光，来写神奇幻异的人或动物，喜欢写乡间民俗与传说中的故事，人与物都有一种古灵精怪的味道。”他在《生死疲劳》第三十三章对大头儿蓝千岁有这样一段描写：“住嘴！他从开裆裤里掏出那根好像生来就没有包皮的、与他年龄显然不相称的粗大而丑陋的鸡巴，对着我喷洒。

他的尿里有一股浓烈的维生素B的香气，尿液射进我的嘴，呛得我连连咳嗽，我感到刚刚有些清醒的头脑又蒙了。”这彻头彻尾的是一种童声童语。莫言做过工人，他的作品却没有工人的味道；莫言当过兵，他的作品却很少反映部队的生活；他在大都市北京生活多年，他的作品却少有城市的喧嚣与华丽。他骨子里、血液里、脑子里、梦境里，仍然是个农民。他的视野里满眼是农村、农民和童真，如在《三匹马》中对农村孩子打架的场景是这样描述的：“柱子朝着这个比他高出一巴掌的男孩子，像只小狼一样扑上去。两个光腚猴子搂在一起，满地打滚……最后，孩子们全滚到一边，远远看着，像一堆肉蛋子在打滚。螃蟹扔到路旁青草上，半死不活地吐白沫。黄鳝快晒成干柴棍了。柱子那条蟹子腿正被一群大蚂蚁齐心协力拖着向巢穴前进。”《透明的红萝卜》中的黑孩，正如童年的莫言，不能与常人交流，便与万物交流；他听不到常人的话语，便听“逃逸的雾气碰撞黄麻叶子和深红或是淡黄的茎秆，发出震耳欲聋的声响”；他得不到抚爱，便在水中寻求“若干温柔的鱼嘴在吻他”。《枯河》中的小虎、《白狗秋千架》中的哑巴男孩，都能看到童年莫言的影子。莫言的初恋是邻居“石匠女儿”，虽然被耻笑为“癞蛤蟆想吃天鹅肉”，但女孩在他幼小的内心打下了太深的印记，后来小说《初恋》中9岁的“我”暗恋的“张若兰”，在《白狗秋千架》里的“暖姑”，在《也许是因为当过“财神爷”》里的王冬妹，在《爱情故事》里的女知青何丽萍等等，都有“石匠女儿”影子隐含其中，成为莫言小说的一道风景。莫言的审美观始终追寻一种童真，他曾回忆：“我的一部小说，里面描写了一种鱼类，它们是彩色的，一旦生气了以后，肚皮就充气，像气球一样，都飘到水面上，一片彩色的气球。后来我在飞机上看到的录像里，真有一种鱼，肚子越鼓越大。想象在生活中得到了印证。再写的话，我可能描写一个小男孩，在饥饿的年代，穿着短裤，身上赤裸着。他因为饥饿因为浮肿，肚皮变得很大很大。一群这样的小男孩在河里游泳，我会比喻他们像生气的鱼一样浮在水上。这样的比喻就很贴切，也很独特。类似的东西，就可以变成非常有原创意义的作品。假如我的短篇里有10个这样的比喻，这部短篇就不朽了。”

莫言作品中还有一种独特的视角，那就是动物视角，“牛眼看世界”。动物视角，让莫言巧妙地避开了传统创作中重建历史的责任，叙述变得无比自由和洒脱。在长篇小说《生死疲劳》里，是人与动物交杂穿越的世界，各种动物活灵活现，个性鲜明，栩栩如生，似有人性。在《檀香刑》中，他甚至把每一个人物都与一种动物对应起来。这当然与莫言童年的独特体验有关。在中国传统文化中，“十二生肖”有纪年的作用，也体现了一种动物崇拜，而在莫言的故乡，人们对大自然更有一种由衷的敬畏，认为各种动物乃至植物都是有灵性的。莫言辍学后，长期在荒野放羊放牛，混迹于动物之间，对动物习性的了解、情感的沟通有着独到的感知。后来的创作过程中，这就成了异常宝贵的财富，它是后天体验无法得到的，因为一个成年人很难像一个孩子一样，跟动物建立一种密切的关系。所以，在莫言作品里的黄鼠狼、狐狸、狗以及骡子等动物，已不再是一般的动物，而是秉承天地意念的某种神灵。它们与人类有相似的感觉和智能，成为建构作品故事和情境的不可缺少的必然因素。比如在《狗皮》中他写到猎手老耿开枪打一匹狐狸，狐狸没打着，还倒霉地招来了日本鬼子，被鬼子刺得满身是伤，差点丧命。而这时却是那只狐狸来救了他，“狐狸的舌头上一定有灵丹妙药，凡是舔到的地方，立刻像涂了薄荷油一样舒服”。这中间当然有“动物崇拜”心理，但更融入了一种人与动物之间惺惺相惜的情感。

五是虚幻与纪实的结点。作家、文学杂志《收获》编辑、《莫言评传》作者叶开认为，莫言的小说一直在两个不同的时空中展开：一个是残酷现实，细腻生动地展现当前乡村日常生活中的各种风貌，其核心主题是“饥饿”和“不公”；另一个是浪漫世界，以强大的想象力推进到被官方历史严厉遮蔽的微暗世界，关键词是“生命力”和“人性”。这两条藤蔓分别蔓延，各自结出了丰硕果实，并在彼此吸引中渐渐靠近。所以，我们读莫言的作品，必须抛弃传统的意识形态审美标准，从人的基本需求或者从人的本能出发，分析其作品的艺术风格和思想内涵。在莫言笔下，没有黑白分明的人物描写，只有充满着乡土气息模糊的背影。在他的许多作品中，主人公甚至没有响亮的名字，他们都是中国历史长河中一个匆匆的过客。在莫言看来，生活中原本就有的模糊、含蓄，决定了文艺作品的朦胧美，作品应与生活有一定距离。而不少作家害怕自己的作品和时代保持距离，因此，总是极力把自己作品的人物放在特定的历史背景之下，试图让自己的作品充满历史的厚重感。可是莫言却总是千方百计地淡化作品人物所在的历史背景，复活那些被遗忘和被压抑的原始而生动的民间生活情境，从而让模糊的个体、清晰的群体成为推动历史前进的主力。在莫言的文学世界里，一直以他所熟悉的那些“乡亲”、那片故乡土地为主角，流淌在笔端的始终是以“家乡”人们喜怒哀乐为细胞，是中国近现代史上大众感知、经历过的事……在那里，我们看到的是一个与鲁迅、赵树理、贾平凹笔下完全不同的乡村，那里有着野性的思维，对命运无常的悲悯。诺贝尔奖评委会前主席谢尔·埃斯普马克认为，在对莫言获奖的颁奖词中，他们用的词是hallucinationary realism，而避免使用“magic realism”（魔幻现实主义）这个词，因为这个词已经过时了。魔幻现实主义这个词，会让人们错误地将莫言和拉美文学联系在一起。莫言的写作虽然受到了马尔克斯的影响，“但莫言的‘幻觉的现实主义’主要是从中国古老的叙事艺术当中来的，比如中国的神话、民间传说，例如蒲松龄的作品。”莫言的写作是将中国古老的叙事艺术与现代的现实主义结合在一起。“所以我们需要讨论马尔克斯、君特·格拉斯——例如《铁皮鼓》的影响，但我个人认为马尔克斯和格拉斯的影响不是直接的，他们真正的重要性在于让中国式的故事讲述方式变得合法了，他们让中国作家知道可以利用自己的传统艺术写作。”将虚幻的与现实的结合起来是莫言自己的创造。“因为将中国的传统叙事艺术与现代的现实主义结合起来，是他自己的创造。”人们还讨论了其他人对莫言的影响，比如鲁迅，比如福克纳。“福克纳创造了一个地方叫约克纳帕塔法县，莫言意识到，我有自己的约克纳帕塔法，就是高密。就像鲁迅也有自己的鲁镇。”莫言在他所创造的高密县中所做的是将世界上的不同地域集中起来。比如在高密没有沙漠，但在莫言的高密县有。同样，历史也在他的作品中凝聚起来，其中有“二战”的历史，也有当代的故事。所以，高密县与约克纳塔法是非常不一样的。文学评论家孙郁认为，“我以为莫言的出人意料的笔触，是把时空浓缩在一个小的范围里。中国社会本来一盘散沙，村民是分散居住者多。莫言把战争、革命、城乡都置于一个调色板里，浓缩了几代人的感受，差异性与对立性浑然于一体。这达到了一种多维文化记忆的效果。”诺贝尔文学奖给出的简单评语是，“莫言的魔幻现实主义作品融合了民间故事、历史和当代社会。”其实，真正熟悉中国历史与现实、城市与乡村的人还是认为莫言的作品在技巧上借鉴了一些西方的东西，落脚点还是现实主义的，获奖作品《蛙》就是十分写实的，有人说似“报告文学”，西方人对中国国情还是了解不深，他们认为很魔幻的东西实际上都是中国现实的写照。这从另一个角度也说明，最重要的作品要有原创的东西，而文化的核心是原创，莫言的真实价值是他表现了中国独特的文化和民族风情，描写了更为广泛意义上、有别于西方的人。

六是写实与写意的结点。文学评论家朱向前在《小说“写意”手法补谈》中谈到：“用一支饱蘸作家感情浓汁和主观色彩的笔，去描绘出一个经过作家心灵熔铸的脱胎于客观世界的艺术世界，描述出那个世界中人物的心理、情感、潜意识等等，我把这种手法，称之为‘写意’”。莫言的小说多是以感觉的奇异取代了描画的逼真酷似，甚至以感觉的相似、相异、变幻与重复组织情节，构成一个由光、影、味、色、质、形组成的感觉世界，比影视剧更能触动人的各种器官，也更有立体感和更丰富的想象空间。作家毕飞宇说过，莫言的小说是真正的和发挥到极致的“身体写作”，中国当代小说叙事中“身体的解放”

是从莫言开始的——“不仅是写身体，而且是用身体去写”。莫言本人也说，他得以在人物的“神经末梢”上展开他的写作，甚至他小说中活跃的无处不在的潜意识，都不是在“大脑”而是在身体和“器官”中展开的。某种意义上，“身体的道德”比形而上学的道德更具有真实感，更诚实可爱，这是莫言小说阅读快感的源泉，也是他笔下的人物之所以鲜活丰满的缘由。这在《红高粱》中体现得尤为明显，“父亲”跟着“爷爷”去伏击日本人的汽车队，“出村之后，队伍在一条狭窄的土路上行进，人的脚步声中夹杂着路边碎草的窸窣声响。雾奇浓，活泼多变。我父亲的脸上，无数密集的小水点凝成大颗粒的水珠，他的一撮头发，粘在头皮上。从路两边高粱地里飘来的幽淡的薄荷气息和成熟高粱苦涩微甘的气味，我父亲早已闻惯，不新不奇。在这次雾里行军中，我父亲闻到了那种新奇的、黄红相间的腥甜气息。”余占鳌“从和尚的肋下拔出剑来，和尚的鞋温暖可人，柔软光滑，像鸟类的羽毛一样”。在这些描述中，那个陌生的经验世界以温度、湿度、色彩、形状、光度、线条、质地、声音或寂静的形式，化为我们听觉、视觉、触觉、味觉、嗅觉的综合体验，一切都是原生地和毛茸茸地活在纸上。有人评论说，莫言的审美世界是一个带有超验色彩的感觉世界，而正是这种非写实的创作方法获得了写实方法所不可能得到的那种更高的真实。

五

有需求才有市场，文学也是这样。读者才是上帝，不同的人有不同的口味，有人是看故事，找刺激，寻乐趣；有人是搞研究，觅技法，查问题。而且，现代文化生活越来越多样化，剧场在演戏，网络上在争论，影院在放电影，很多人有更多的方式来消磨自己的时间，没有任何理由要求所有人都来看文学。莫言正是悟到了这里，才能理解读者，才感受到“只要读我的书，就是我的好朋友。”“即使曲解我，我也尊重你。”在斯德哥尔摩大学与学生进行面对面交流时，谈到读者与作家的关系，莫言称，有的读者会看到故事，有的会看到思想。作为作家，应该对所有的读者表示尊重，即便读者曲解了他的作品，他也要尊重。“越是优秀的作品，越可能被人曲解。只有主题特别明确的特别简单的小说才不会被人误解。”“所以我想高明的小说家，会把自己的思想高明地藏在故事里，会把主要的故事放在人物上，让人物表达自己的思想，所有的小说充满矛盾、充满悖论。以后继续努力写出更多这样的充满矛盾的小说。”纵观莫言30年的创作脉络，从《透明的红萝卜》到《蛙》，表明了基于农民文化的生命英雄主义、理想主义，有自己的原则和底线，不会轻易迎合读者而改变，他在长篇小说《生死疲劳》的后记最后一句话就是：“哪怕只剩下一个读者，我也要这样写。”正是这样，他面对高密东北乡构建了属于自己的独特体验，作品中陌生化和原创性的东西非常多，在纸质和网络等媒体上很难见到，而读者读起来又很有感应，这也许正是莫言作品的魅力所在。在《蛙》试读本封面上的下列一段话也许能表达莫言文学创作的雄心：“伟大的长篇小说，没有必要像宠物一样遍地打滚赢得那些准贵族的欢心，也没有必要像鬃狗一样欢群吠叫。它应该是鲸鱼，独立地遨游着，响亮而沉重地呼吸。”中国艺术研究院院长王文章指出：“20世纪80年代，莫言开始在文坛上‘冒’了出来，直到今天，他仍然保持着旺盛而持续的创造力。通过那些作品，我们能够看到他对社会现实持续而敏感的观察，对历史文化独特而深刻的思考，他以自己独特的方式关照人们的命运和心灵、生存状态、喜怒哀乐、所思所想，这对具有相似经验的中国读者而言，具有强烈的共鸣和吸引。这些作品的思想内涵、语言风格彰显了莫言的创作理想、文学天赋和社会责任感，因此莫言得到中国和世界读者的肯定具有必然性。”

文化的传播，译者就是使者，功不可没。因为翻译是一种再创造，翻译者受文化背景、文学修养、生活阅历等因素的影响和制约，要真正读懂原文、体会到其中的精妙和神韵，太难了，有的小说可能是一流的，翻译过来就成了二流甚至三流的了，而好的翻译是作品的重生。近年来，莫言的作品以强有力的感官与视觉冲击力走进外国人的视野，是被翻译得最多的中国当代作家之一。资料显示，莫言的作品，截至获得诺贝尔文学奖时，以法文出版的18部（1990年至2012年出版）；以英文出版的8部（1991年至2010年出版），还有3部已经列入出版计划；以西班牙文出版的7部；以德文出版的6部；以瑞典文出版的3部；其他还有俄文、日文、意大利文、荷兰文等等。他笔下的“乡土魔幻中国”令西方译者爱不释手，尤其是在诺贝尔奖的所在地瑞典，瑞典汉学家陈安娜一人就翻译出版了莫言的多部重要作品，如《红高粱家族》、《天堂蒜薹之歌》、《生死疲劳》等。陈安娜生于1965年，瑞典翻译家。她本姓古斯塔夫森，20世纪80年代嫁给了中国翻译家万之（原名陈迈平），随夫取了中国姓氏。她曾师从著名汉学家、诺贝尔文学奖评委马悦然，学习了中文、中国历史等课程，并从事翻译现代中文作品20多年，她已经翻译了20多部中文小说，除莫言作品外，还翻译了余华、王安忆等作家的作品。万之曾说：“《生死疲劳》非常精彩，5年前当安娜拿到这部作品时，我就对她说，你一定要翻译，这是本能拿诺贝尔奖的作品。安娜用了3年时间翻译该书，前后修改七八遍，2012年5月才出版。她的翻译打动了读者，也打动了文学院的院士们。”美国翻译家葛浩文也是莫言作品走上世界的主要推手之一，他步向自己翻译事业高峰的契机，正是翻译莫言的《红高粱》。一个偶然机会，他在朋友家读到这部小说时，十分冲动，对自己说：“这才是我想翻译的东西！”他试译了8个章节，投给纽约的一家出版社。一天，在旧金山女儿家中，电话响了，找葛浩文。还来不及问对方是谁，电话那边急切地说：“这小说我们要了！”当即给葛浩文开了个价——这个穷书生从来没见过的十分可观的数字。葛浩文这个“接生婆”有机会到书店看望他的“孩子们”，基本情况是根本找不到，偶尔可以找到一本已经非常意外了。

葛浩文也许从中嗅到了读者的需求，接着又陆续翻译了莫言的《天堂蒜薹之歌》《酒国》等8部作品，销量同样看好。葛浩文翻译《蛙》时表示："我真心喜欢莫言的所有小说，并对翻译它们乐在其中。我喜欢它们的原因是他的创作方式各样。比如，《酒国》可能是我读过的中国小说中在创作手法方面最有想象力、最为丰富复杂的作品；《生死疲劳》堪称才华横溢的长篇寓言；《檀香刑》有音乐之美……"葛浩文在翻译莫言作品的过程中，特别感觉到其乡土气味很难用英文表达，如果没有对中国国情、文化和莫言创作风格的深刻理解，是很难翻译出原著韵味的。为了确保翻译质量，葛浩文早在20多年前就主动写信给莫言要当《天堂蒜薹之歌》等作品的英文翻译。正是翻译家的良苦用心，才使莫言的作品拥有越来越多的西方读者，才越来越被西方认可。俄文版《酒国》于2012年10月面世，恰巧在2012年诺贝尔文学奖公布的第二天到了读者的手里。一周后其销量已占本国畅销书排行榜第三位。俄罗斯小说翻译家伊戈尔·叶戈罗夫已在准备莫言的另一部名作《丰乳肥臀》的出版发行。《纽约时报》刊文称，莫言是一位多产作家，其小说和故事想象丰富，奔放不羁，描绘了"被生活重创甚至压垮的普通人的生活"。他的作品最大的特点就是"幽默"。研究中国文学的英国学者霍尔德·戈德布拉特曾将莫言的作品翻译成英文，他在接受《卫报》的采访中将莫言的作品同狄更斯相提并论，说这两位作家的作品都很宏大、大胆，风格华丽、神奇、有力，而且传递了道德讯息。德国《焦点》杂志网络版介绍莫言，说他是中国当代最成功的作家之一，笔下描绘了普通人的命运。还提到莫言之名可译为"沉默"或"无语"，这对一个作家来说有些不同寻常，但中国老话讲"沉默是金"，这样的人讲述历史感觉才会更"深入"。莫言获奖后，诺贝尔奖委员会开发中国市场的步伐，诺奖评委马悦然被视为中西文化的使者，中国人民的老朋友，他到中国备受欢迎，他在复旦大学作的《工匠与演员：论翻译的艺术》演讲，座无虚席，气氛热烈。曾任17届诺贝尔文学奖评委会主席的谢尔·埃斯普马克来到中国，被视为贵宾，所到之处，备受欢迎。

六

有人说，诺贝尔文学奖有的时候就是一个“死亡之吻”，很多作家获奖之后就很难再写出好的作品，因为作家一旦获奖就容易陷入琐碎的事务中。莫言获奖后，有记者问他感到最大的变化是什么，莫言曾调侃说：“对我个人来讲最大的变化是我过去骑着自行车在北京街头没有人理睬我，前几天我骑着自行车在北京街头走，好几个年轻姑娘追着我照相。我一下知道，哦，我成了名人了！但我还会继续保持谦虚。”在 2012 年度诺贝尔文学奖即将举行颁奖典礼之际，北京师范大学国际写作中心宣告成立，诺贝尔文学奖得主、北师大校友作家莫言担任该中心主席；2013 年 1 月 20 日，莫言获得 2012 年度 CCTV 三农人物奖；2013 年 1 月 22 日，莫言受聘母校北京师范大学教授；2013 年 2 月 1 日，莫言当选第十二届全国政协委员。他一下成了公众人物，同所有名人一样，他也有一个适应、调整的过程。公众人物有光环，也有苦恼和麻烦。

莫言还算比较清醒，本人是想避免这种情况发生。“当得知获得诺贝尔奖，我很吃惊，当然也很高兴。但是我觉得获奖并不代表什么，并不能证明你就是中国最好的作家。中国作家有很多，写得好的也很多，得了这个奖我很幸运，我自己很清楚，不会轻飘飘的。”“一位好的作家应该做的不是开会、接受记者采访，而是安心写作。”“中国那么多的优秀作家，世界那么多名家名作，我能成为提名人选已属十分不易，最终的结果并不重要，获奖是目标但不是唯一追求，该做的事做了，能做的事做到了，就该坦然淡定，不应过分渲染炒作。”他告诫他的一个研究生，别跟着瞎掺和这些事，一切都会过去，什么都是瞬间。在莫言获奖后的一个月中，他每天都会被几百个电话狂轰滥炸，每天都有很多记者蹲在家门口，有的一坐就是十多天。2012年第七届中国作家富豪榜发布，因为“诺奖效应”，莫言以2150万元的全年版税收入高居排行榜第二名。对于这个排行榜，莫言笑着说太夸张。“中国作家富豪榜公布了我的年收入，我看了看自己的银行账户，不知道那些所谓的收入都在哪里。”

在文坛，莫言可以说是“获奖专业户”，已经经历了好多“死亡之吻”，《白狗秋千架》1988年获台湾联合文学奖，根据此小说改编的电影《暖》获得第十六届东京电影节金麒麟奖，2001年获得第二届冯牧文学奖；《酒国》（法文版）2001年获法国儒尔·巴泰庸外国文学奖；《檀香刑》2001年获台湾联合报2001年十大好书奖，2002年获首届“鼎钧文学奖”，2004年4月获“话语文学传媒大奖·年度杰出成就奖”，2004年3月获法兰西文化艺术骑士勋章奖，2006年12月获得第三十届意大利NONNO国际文学奖，2006年7月7日，获日本福冈亚洲文化奖；小说《蛙》2011年8月20日获得第八届茅盾文学奖等等，他是越吻越来劲，越吻越给人惊喜。中国作协主席铁凝说过：“对于一个成熟的、把文学视为生命的作家而言，获得任何一种奖项，都不会是他写作的最重要的动力。”2004年，莫言凭《四十一炮》、《丰乳肥臀》（增补本）获得由南方都市报组织的第二届华语文学传媒大奖“二〇〇三年度杰出成就奖。”在获奖感言中莫言说道：“尽管这个奖有那么点‘终身成就奖’的意味，但我当然不愿意让这次得奖成为创作的终结。对一头耕耘多年、尚有劳动能力的准老牛来说，已经没有必要再来讲述耕耘的重要意义，默默地埋头拉犁，比什么都重要。”在获得第八届茅盾文学奖时，莫言曾经说，获奖10分钟就要忘掉，不然作家会失去目标，对读者最好的感谢是写出比获奖作品更好的作品。至于这次荣获诺贝尔文学奖，莫言十分清楚，文学奖没有最高奖项，诺奖也不例外，它和其他文学奖没有本质区别，只能代表诺贝尔文学奖评委对作品的认可，只是知名度、信誉度更高罢了。他曾一再坦陈：“我一直把文学奖当成写作的副产品，能有这个额外的收获当然好，但是决不会专门为了它而写作，作家创作的目的主要还是出作品。”“我想任何一个作家都是为了自己的良心而写作，为了自己的部分真正的读者而写作，为了自己的灵魂写作，没有一个人是为了奖项写作的。”北京师范大学文学院教授张清华对他很有信心：“莫言是一个永远不会让人感到枯竭的作家，他的想象力和创造力总是令人感到有意外的胀破和溢出。他总能在邪中出正，在嬉戏中得庄严，在寻常中显吊诡，在低调中露狂狷，这使我们总会对他抱着新的期待。”莫言在接受记者采访时也说：“我要打破这个魔咒”“我渴望能写出一部真正伟大的作品来，但到目前为止，我认为我写出的所有小说离这个标准都还差得很远。如果说有一种力量鼓舞我写了这么多年的小说后还在不断地写作，而且把写作当作这么重要的事业来做，那就是对小说本身完美的追求。”历史上曾有作家马斯·曼在获得诺奖后就写出了《浮士德博士》，因有很高的文学价值而被诺贝尔文学奖评委会考虑要不要第二次颁奖给他。莫言曾多次谈及诺贝尔奖的话题，并表示自己没有诺贝尔情结。在他看来，“文学奖有时候正好相反，你卯足劲写一本书要获奖，那也不一定。你没有太认真地写，也许写出一部不错的作品。忘掉所有的奖项是作家最高的选择。”在莫言眼里，获奖和写作没有什么关系。“一个作家，第一不会也不应该把得奖当作自己写作的动力。第二，得奖并不会使他的小说变得好起来。已经写出来的小说不管得奖与否，是好是坏，已经无法改变。还没有出来的小说，甚至必须与得奖小说大唱反调，才会有价值。”“其实，获奖也只是给作家头上戴一个花冠。它很快就会枯萎的，很快就被抛到一边。很多伟大的作品，当时并不被人认可，是后世人认识到他伟大的文学力量、非凡的价值，才成为经典之作。作家最终要靠作品说话。”近年来，莫言的创作速度越来越慢，因为他希望每一部作品都有些新的变化。在他看来，“重复自己比抄袭别人更可耻”，强调不抄袭别人不难做到，但要做到完完全全地不重复自己，的确是非常困难的。谈到今后的创作，莫言透露，他正在着手准备 3 部作品：

一部戏曲的剧本、一部话剧的剧本、一部小说，到底先完成哪一部还很难说。戏曲讲的是一个神话故事，大约已经完成了一场；话剧讲的是一个发生在国外的中国故事，官场的，已经写出了大纲，由于在《检察日报》工作 10 年，接触过一些贪污案件，也见过一些贪官，有长期的生活积累；小说的场景还设在他熟悉的高密东北乡。对此，人们充满期待。2013 年 4 月 12 日，作家莫言获诺奖后的首部作品不是小说，而是关于自己诺奖之行的“心路剖析”。由莫言编著的《盛典——诺奖之行》于 2013 年 4 月 19 日在海口书博会首发。据出版此书的长江文艺出版社工作人员介绍，莫言之所以写这本书是因为网上对其诺奖之行的描述很多，但其中谬误之处也不少，为了恢复事实真相，莫言便写下了这本书。全书共分 7 章，以莫言在瑞典 7 天的所见所思为框架，共 16 万字。之所以是编著，是因为全书并非完全由莫言写就，其中也收录了莫言的演讲实录、记者专访以及观众交流等内容。

沾“文豪”气

莫言获得2012年诺贝尔文学奖后，他的家乡——山东省高密市大栏乡太平村（莫言旧居）也成了热门景点。特别是节假日，许多游客带着孩子蜂拥而至，希望身临其境，让孩子沾点“文豪”气。

莫言获得诺贝尔文学奖的消息，让社会上迅速形成一股“莫言热”，这其中有一种民族主义情绪，也有一种“诺奖”情结，其家乡——山东省高密市大栏乡太平村（莫言旧居）也成了热门景点。莫言旧居是一处方方正正的老院子。四间青砖石基、土坯墙灰瓦盖顶的旧房子，其中西屋被透光木条窗格裁成黑白图案的土炕上，当时曾陆续降生包括最小的莫言在内的兄妹4人，最多的时候，这4间房子住了13人，院外有一简简单单的小门楼。自莫言获奖之日，这个院子就成了很多人向往的“圣地”，前来参观者络绎不绝。久无人迹的老宅院门前杂草丛生，东西厢房只剩一堵坍塌的墙，屋内是些沾满灰尘的破家什——四五十年前的收音机、老式厨子、破笤帚、一张沾满灰尘的“福”字。但这丝毫不影响游客的兴致，天天人满为患，破损的围墙竟成了游客穿行的通道，院中生长的萝卜、树苗、墙角的小草都被前来“沾喜气”的游客拔个精光，有的竟然抠墙皮、挖砖墙，甚至有游客边扯树叶边许愿：“让儿子也沾沾文曲星莫言的光，保佑儿子明年考上北大。”尽管老屋已早不住人，只能看到莫言的小学作文本、曾骑过的前胎已变形的老单车、锈迹斑斑的农具等，但在游客眼里，件件充满灵气。莫言获奖后的第一个清明节，游人涌向莫言旧居的，最多时一天有700多人。有人惊羡：“没有想到，高密却是一个扼山东半岛之咽喉，呈三角形踞在山东著名城市济南到青岛到烟台中心地带的一个通衢大道。在抽象的地图册里，高密北望莱州湾，南觑胶州湾；胶济铁路贯穿其间，高速公路四通八达；东邻胶莱河太古河之流淌，西有峡山水库之高悬。土地肥沃，作物丰饶，江河密布，高粱丛生，百姓善良，民风彪悍。无论按照什么风水学说，高密都是一个物华天宝、人杰地灵的泱泱大郡。”也有风水先生在村子附近转悠，似是发现了玄机，说是莫言老宅离胶河不到百米，正在胶河的拐弯处，所谓“长河一拐弯，必定出大官”“河流拐弯处，必有贵人住”，并言之凿凿，举例为证，说是莫言旧居西侧相距3米的老宅，曾经出了一个国民党的海军中将；另一位大人物曾任武汉市副市长等职，旧居位于莫言旧居东18米处，现在又出了个莫言。一些村民闻风而动，纷纷到胶河南岸盖房子，使得如今该区域几乎没了空地。还有来看坟地、看房产、看面相的，想从中觅点“紫气”。有人说莫言本姓管氏，是管仲的后裔，管家却很低调，称“谱牒失传”而“不敢妄认”。有人按照现在流行的星座说法，说是莫言生于1955年2月17日，属羊，是个天马行空却又敏感细腻的水瓶男，是天生作家的料，更有人拿莫言的笔名做文章，说莫言沾了笔名的光，“莫言”乃有言，“千言万语，何若莫言”。这样一炒，莫言旧居更是游客如潮。节假日，许多游客带着孩子蜂拥而至，希望身临其境，让孩子沾点“文豪”气。这种种做法，当然有的是出于考证、研究的目的，有的是出于好奇，跟风凑热闹，而更多的是出于当下泛滥的盲目崇拜和愚昧迷信心理，也暴露了一些人急于求成走捷径的不良心态。而要觅得“文豪”气，仅从风水等角度考证，未免荒唐、肤浅。叶开在《莫言传》中的一些说法也有些极端，譬如说：“莫言仅是莫言而已。莫言毫无疑问地不能被重复第二次，他的身上没有任何的榜样意义。莫言写小说能够达到这个地步，我觉得毫无道理。研究他的历史，想从中发现一点蛛丝马迹，基本上就是徒劳。莫言的才能不是后天学习来的，他是一个天生的小说家。”诚然，莫言的成才之路不一定适合所有人，一味效仿未必可取，让现在的“小皇帝”们体验莫言少时的生活并不现实也不必要。但我们从他丰富的人生阅历中，也许可以找到一点成功的理由和做人的道理，并从中受到些启迪，这才应该是人们真正要沾的“文豪”气！

一

莫言家的老院堂屋门前挂着苏轼《三槐堂铭》“忠厚传家远，诗书继世长”的名句，这或许能诠释莫言家的家风。莫言是管姓，在高密东北乡的平安村务农已有数代。虽然穷苦，但还是有点书香气，莫言的祖父，勤劳聪慧，干得一手好木匠活，农活也是一把好手，为人处世严守做人之道，虽不识字，却博闻强记，有丰富的人文知识，良好的表达能力。莫言的父亲是位很要面子而又严厉的人，由于家庭是中农出身，虽然在当时农村属于罕见的念过4年私塾、识文断字的能人，但只能谨小慎微地在大队里当一个会计，给人以不苟言笑的形象。1953年莫言出生时正赶上中国3年自然灾害，他是在“苦水”中泡大的。根据地方志的记载，仅平安庄最多时一大就饿死了18个人，饥饿，是那个时代共同的苦难记忆。莫言在《我和羊》中写道：“据母亲说，我童年时丑极了，小脸抹得花猫绿狗，唇上挂着两条鼻涕，乡下人谓之‘二龙吐须’。” 莫言在《从照相说起》中回忆，“那时我们还没有分家，是村子里最大的家庭。全家13口人，上有老下有小，最苦的就是母亲。我因为长得丑，饭量大，干活又不麻利，爷爷奶奶也不喜欢我，为此母亲经常叹息。今天反省起来，他们不喜欢我，固然有他们的原因，但主要的还是我自己不赚人喜。我又丑又懒又馋，还经常出去干点坏事，给家里带来不少麻烦，这样的坏孩子，怎么讨人喜？”莫言在《故乡往事》中回忆：“我这辈子记住的第一件事，是掉到茅坑里差点淹死。那大概是我2岁左右的事。在我的印象里，那时个暴雨很多，骄阳如火的夏天，家里那个用砖头砌就的露天茅坑里潴留着很多雨水，水面上漂浮着一层草木灰，草木灰中蠕动着长尾巴的蛆虫。我记得茅坑角上栽着一根木棍子，是为我的腿脚不方便的奶奶预备的。我喜欢双手抓着木棍子，身体往后仰着，一边拉一边胡思乱想。那根木棍年久腐朽，突然断了。我仰面朝天跌进茅坑里去，喝了一肚子臭水，幸亏我的大哥发现把我捞上来。大哥拿着一块肥皂，把我扛到河里去洗。大哥把我放在河水里，河水滚烫，我嗷嗷地叫着，搂着大哥的脖子使劲地把腿蜷起来。大哥硬把我按在水里。我哭着挣扎着。我记得大哥说：你一身屎一头蛆，不烫烫，脏死了。大哥往我的头上抹了很多肥皂，肥皂泡沫杀得我睁不开眼睛。我闻到了肥皂味儿、鱼汤味儿、臭大粪味儿。”莫言《在斯坦福大学的演讲》回忆：“那时，我们这些五六岁的孩子，在春、夏、秋三个季节里，基本上是赤身裸体的，只是到了严寒的冬季，才胡乱地穿上一件衣服。那些衣服的破烂程度是今天的中国孩子想象不到的。我相信奶奶经常教导我的一句话，她说：‘人只有享不了的福，但是没有受不了的罪。’”“那时候，我们身上几乎没有多少肌肉，我们的胳膊和腿细得像木棍一样，但我们的肚子却大得像一个大水罐子。我们的肚皮仿佛是透明的，隔着肚皮，可以看到里边的肠子在蠢蠢欲动。我们的脖子细长，似乎扛不住我们沉重的脑袋。”

莫言的童年始终与饥饿相伴。1961 年，6 岁的莫言上了小学，当地孩子当时一般 8 岁上小学，莫言早早上学，缘于在小学校里可以偷吃煤块，这在我们现在看来是不可思议的。莫言少时好友王玉清回忆说：“我们这一代人都是饿出来的，3 年自然灾害时期，东北乡许多人吃过煤块，类似于吃观音土。当时煤块也不是一般人家能有的，小学校里有，莫言就吃过学校的煤块。”莫言在《吃相凶恶》一文中回忆：“1960 年春天，在人类历史上恐怕也是一个黑暗的春天。能吃的东西似乎都吃光了，草根、树皮、房檐上的草。村子里几乎天天死人，都是饿死的。村里人也老实，饿死了也不会出去闯荡。后来盛传南洼那种白色的土能吃，便都去挖来吃。吃了拉不下来，又死了一些人。”少时的莫言，很难说是“三好学生”，更像是个“问题少年”。在小学时，一天看见同学买了瓶钢笔水，便说：“这么一点儿，我一口就可以喝掉。”见同学不解，他二话没说，拧开盖儿，一仰脖子喝个精光。满嘴蓝牙，狰狞恐怖，加上他一傻笑，把老师都给镇住了。老师讥讽地说：“好啊，管谟业同学肚子里有墨水啦，是咱班的高级知识分子呢！”莫言在《童年读书》中写道：“6 岁上学，念到三年级的时候，看完《三家巷》，好长一段时间里，我心里怅然若失，无心听课，眼前老是晃动着美丽少女区桃的影子，手不由己地在语文课本的空白处写满了区桃。班里的干部发现了，当众羞辱我，骂我是大流氓，并且向班主任老师告发，老师批评我思想不健康，说我中了资产阶级思想的毒。”莫言在《我的老师》中写道：“因为我当着一个同学的面说学校像监狱，老师像奴隶主，学生像奴隶，学校就给了我一个警告处分，据说起初他们想把我送到公安局里去，但因为我年龄太小而幸免。出了这件事后，我就成了学校里有名的坏学生。他们认为我思想反动，道德败坏，属于不可救药之列，学校里一旦发生了什么坏事，第一个怀疑对象就是我。”在中国传统文化中是提倡“讷于言而敏于行”的，俗话说，言多必有失，莫言母亲就深受影响。莫言回忆，小时候，“有一段时间，集市上来了一个说书人。我偷偷地去听书，忘记了她分配给我的活儿。为此，母亲批评了我。晚上，当她就着一盏小油灯为家人赶制棉衣时，我忍不住地将白天从说书人那里听来的故事复述给她听，起初她有些不耐烦，因为在她心目中，说书人都是油嘴滑舌、不务正业的人，从他们嘴里，冒不出什么好话来。”“母亲在听完我的故事后，有时会忧心忡忡地，像是对我说，又像是自言自语：‘儿啊，你长大后会成为一个什么人呢？难道要耍贫嘴吃饭吗？’我理解母亲的担忧，因为在村子里，一个贫嘴的孩子，是招人烦的，有时候还会给自己和家庭带来麻烦。”“我母亲经常提醒我少说话，她希望我能做一个沉默寡言、安稳大方的孩子。但在我身上，却显露出极强的说话能力和极大的说话欲望，这无疑是极大的危险，但我的说故事的能力，又带给了她愉悦，这使她陷入深深的矛盾之中。”其实，他母亲担心还有一层原因。解放后，在以阶级斗争为纲的年代，在农村，“贫下中农”（贫农、下中农）是主人，“中农”是可争取的中间力量，“地富反坏右”（地主、富农、反革命、坏分子、右派）是被专政的对象，莫言家是中农，其堂叔解放前跑到台湾去了，这是个很大的家庭污点。这样的家庭“只能老老实实，不准轻举妄动”，稍有不慎，就会惹祸上身，莫言就因此栽了大跟头。莫言辍学，媒体报道说是因为贫困，这有一定的原因，也有说是因为家庭出身问题，但口无遮拦发表了在当时看来“反动”的言论，却是主要原因。莫言儿时伙伴王玉清回忆：“莫言从小口无遮拦，爱挑战权威。上小学四年级时，老师在课堂上提到了‘逻辑’一词，莫言马上问老师这个词什么意思。老师也不太会用哲学的语言解释什么是‘逻辑’，就敷衍说，‘逻辑就是伐掉树出现的那个年轮’。当时莫言反问说，‘你晕吧？’在高密方言里，这句话意思是你是忽悠我吧，带有嘲笑意味，这令老师很尴尬。后来，在一次喊口号时，莫言说了当时看来比较‘反动’的话，不得不辍学。”而莫言在《我的中学时代》则是这样回忆的：“‘文化大革命’初期时，我正在读小学五年级……那时候我们学校的校长已经被打倒，他老婆也被打倒，两口子被关在一间小厢房里，老师让我们轮流值班，趴在小厢房窗外监听。寒冬腊月，滴水成冰，我们趴在窗外，冻得半死不活，满心里盼望着校长和他老婆能说点反动话，我们好去汇报立功，但是校长两口子一声不吭，弄得我们失望极了。我们感到无趣，就嗅着花生的香气，摸到了老师办公室窗外，从窗户纸的破洞里看到，担任着学校红卫兵头头的老师，正往代课老师郑红英的裤腰里塞花生，郑红英咯咯地笑个不停。这比校长两口子一声不吭还让我们失望，岂止是失望，简直就是绝望，我们的革命热情受到了很大的伤害。第二天我们就把办公室里发生的事情对村子里的人说了，张立新还用粉笔在大队部的白粉墙上画了一幅图画，画面比我们见到的情景还要流氓，吸引了许多人围观。这下子我和张立新算是把老师得罪到骨髓里去了。一年后，村子里成立了一所农业联合中学，我们的同学除了地富反坏右的子弟之外，都成了联中的学生，张立新虽然也得罪了当上了管理学校的贫农代表的郑红英，但他家是烈属，郑红英不敢不让他上联中，我家成分是中农，原本就是团结对象，郑红英一歪嘴就把我上中学的权利剥夺了。我姐姐自以为与郑红英关系不错，去找她说情，希望她能开恩让我进联中念书，郑红英却说：‘上边有指示，从今之后，地富反坏右的孩子一律不准读书，中农的孩子最多只许读到小学，要不无产阶级的江山就会改变颜色。’”莫言在《超越故乡》中写道：“我的童年是黑暗的，恐怖和饥饿伴随我成长。”

辍学后，莫言成了一个人民公社的小社员，因为年龄小，只能在生产队里干点杂活，阴雨天看些“闲书”，看是悠闲，实际很苦闷，一点也没有减轻对上学的渴望。他在《我的中学时代》中写道：“每当我从教室窗外经过时，心里就浮起一种难言的滋味，我感到自卑，感到比那些在教室里瞎胡闹的孩子矮了半截。”12 岁那年，因为饥饿，莫言偷偷拔了生产队的一根萝卜吃，结果挨了父亲的一顿暴打，还成了生产队里的重点盯查对象，在人前也就丧失了平常人的尊严。据莫言后来回忆，“15 岁以前都半光着屁股，参加一些不应该是孩子参加的劳动”。本来，十几岁的孩子正是最喜欢说话的时候，但莫言却“开始经受农村劳作的孤独”，正是在这样情况下，他学会了“自言自语”，大家都不知道他究竟在嘟囔些啥，以为神经出了问题。莫言回忆：“有一次我对着一棵树自言自语，我的母亲听到后大吃一惊，她对我的父亲说：‘他爹，咱这孩子是不是有毛病了？’”莫言在《爷爷的故事》中回忆，13 岁时就跟着生产队的大人一块割麦子，因割得慢，“后来队长与几个人分段割完了我那行麦子。我提着镰刀，非常不好意思地到了地头。刚拿碗去盛队里免费供应的绿豆稀饭，一个家庭出身很好，在队里说话很硬的小个子男人把我的碗夺过去，扔在地上，气汹汹地说：你还有脸喝汤？你看看你割的那两行麦子，茬子高，掉穗多，浪费粮食糟蹋草，该扣你们家的粮草！他的话分量太重，我委屈地哭了！”

管家的家教十分严格，莫言 12 岁那年，因为饥饿，偷偷拔了生产队的一根萝卜吃，结果被父亲狠狠地揍了一顿。他大哥回忆说：“跪在毛主席像前请罪，这个谁受得了啊，压力太大了呀，就是他丢了全家的人。”多年后，莫言提笔写下这个故事，在《透明的红萝卜》中写道：“一向要强的父亲无法忍受这样的屈辱，把我强拉回家暴打，母亲拼命地对父亲说，你把我也打死吧。买下二十亩兔子不拉屎的涝洼地，划成中农，让三辈子活得不人不鬼。”莫言获得诺贝尔奖后，企业家陈光标出于对作家的崇敬，提出愿意赠送一套北京市区的别墅，这事首先被莫言 80 多岁高龄的父亲回绝，还特意打电话给莫言，嘱咐一定不要收，因为这不是自己的劳动所得。莫言在诺贝尔奖颁奖时的演讲中，大篇幅追忆了母亲，似是流水账，但却诠释了母爱的分量和对他人生的影响。事实上，母爱似水，无声无息，潜移默化，点点滴滴中引领着莫言的人生航向：

——母爱是叹息："我是我母亲最小的孩子。我记忆中最早的一件事，是提着家里唯一的一把热水瓶去公共食堂打开水。因为饥饿无力，失手将热水瓶打碎，我吓得要命，钻进草垛，一天没敢出来。傍晚的时候，我听到母亲呼唤我的乳名。我从草垛里钻出来，以为会受到打骂，但母亲没有打我也没有骂我，只是抚摸着我的头，口中发出长长的叹息。"

——母爱是宽恕："我记忆中最痛苦的一件事，就是跟随着母亲去集体的地里捡麦穗，看守麦田的人来了，捡麦穗的人纷纷逃跑，我母亲是小脚，跑不快，被捉住，那个身材高大的看守人搧了她一个耳光。她摇晃着身体跌倒在地。看守人没收了我们捡到的麦穗，吹着口哨扬长而去。我母亲嘴角流血，坐在地上，脸上那种绝望的神情让我终生难忘。多年之后，当那个看守麦田的人成为一个白发苍苍的老人，在集市上与我相逢，我冲上去想找他报仇，母亲拉住了我，平静地对我说：'儿子，那个打我的人，与这个老人，并不是一个人。'"

——母爱是仁慈："我记得最深刻的一件事是一个中秋节的中午，我们家难得地包了一顿饺子，每人只有一碗。正当我们吃饺子时，一个乞讨的老人，来到了我们家门口。我端起半碗红薯干打发他，他却愤愤不平地说：'我是一个老人，你们吃饺子，却让我吃红薯干，你们的心是怎么长的？'我气急败坏地说：'我们一年也吃不了几次饺子，一人一小碗，连半饱都吃不了！给你红薯干就不错了，你要就要，不要就滚！'母亲训斥了我，然后端起那半碗饺子，倒进老人的碗里。"

——母爱是诚实："我最后悔的一件事，就是跟着母亲去卖白菜，有意无意地多算了一位买白菜的老人一毛钱。算完钱我就去了学校。当我放学回家时，看到很少流泪的母亲泪流满面。母亲并没有骂我，只是轻轻地说：‘儿子，你让娘丢了脸。’”

——母爱是奉献与坚韧：“我十几岁时，母亲患了严重的肺病，饥饿，病痛，劳累，使我们这个家庭陷入困境，看不到光明和希望。我产生了一种强烈的不祥之感，以为母亲随时都会自寻短见。每当我劳动归来，一进大门，就高喊母亲，听到她的回应，心中才感到一块石头落了地，如果一时听不到她的回应，我就心惊胆颤，跑到厢房和磨坊里寻找。有一次，找遍了所有的房间也没有见到母亲的身影。我便坐在院子里大哭。这时，母亲背着一捆柴草从外边进来。她对我的哭很不满，但我又不能对她说出我的担忧。母亲看透我的心思，她说：‘孩子，你放心，尽管我活着没有一点乐趣，但只要阎王爷不叫我，我是不会去的。’”

——母爱是自尊：“我生来相貌丑陋，村子里很多人当面嘲笑我，学校里有几个性格霸蛮的同学甚至为此打我。我回家痛哭，母亲对我说：‘儿子，你不丑。你不缺鼻子不缺眼，四肢健全，丑在哪里？而且，只要你心存善良，多做好事，即便是丑，也能变美。’”

——母爱是期盼：“我母亲不识字，但对识字的人十分敬重。我们家生活困难，经常吃了上顿没下顿，但只要我对她提出买书买文具的要求，她总是会满足我。”莫言记忆很深的就是在20世纪70年代初，“那个时候家庭生活很贫困，我的邻居有一套范文澜的《中国通史简编》，共4册，他家没有钱用了，问我要不要他的书，4块5毛钱给我。这在当时是一笔大钱。我回家跟我母亲商量，母亲说‘你能保证读吗？’我说‘我保证看。’”1976年2月，莫言应征入伍，背着母亲卖掉结婚时的首饰购买的4本《中国通史简编》，走出了高密东北乡这个既让他爱又让他恨的地方，开始了人生的重要时期。莫言兄弟姐妹4人，大哥管谟贤、二哥管谟欣，还有一个姐姐。管谟贤1963年考上华东师范大学中文系，当时考大学的分数可以上北大清华，因为家里穷，才选择了免费的华东师大。他是高密东北乡的第一个大学生，毕业时正遇上“文革”，“革命青年是块砖，哪里需要哪里搬”，异地安置，被分到了远离故乡的湖南常德一个工程机械厂，在职工子弟学校当了老师，1987年调回山东高密一中，后任副校长。他长莫言12岁，总觉得莫言在家里最小，自幼多灾多难，又早早辍学，所以对莫言特别偏护。长兄如父，兄弟情深，他回忆说：“当时我在华东师范大学上学，我留在家里的书，特别是高中的课本，都是莫言和他二哥抢着读，莫言非常好学，凡是带字的都找着看。上世纪60年代，我分到湖南一个单位，我编一本《刘禹锡文选》，都是寄给他，他学得很认真。”

莫言默默品尝着酸甜苦辣的童年，在饥寒、欺凌、孤独、关爱和憧憬中愤愤存活，真如一株荒原上的幼苗，承受着雨露、阳光、虫害和风霜，而真正从骨子里影响他幼小心灵的是故乡的茂腔。是茂腔完成了莫言童年、少年的道德教育，他的许多道德观念，都是在茂腔这种地方戏中学到的。“一方水土养一方人”，高密这方人就是通过茂腔这种地方戏，弘扬真善美，鞭挞假丑恶。在莫言看来，高密东北乡是有声音有颜色的，颜色是红高粱，声音当然是茂腔。“我辍学比较早，生产队里就叫我放牛，经常在一个人寂寞的时候，唱两句茂腔。在上世纪五六十年代，县茂腔剧团经常到乡下巡回演出。在场院里搭一个土台子，四乡老百姓都来了，那是一个隆重的节日。春节前后，农闲的时候，每个村里头都有自己的业余剧团，也会排演一些茂腔戏上演，几乎人人都会唱三句两句的。我想茂腔是伴随着我们这一代人成长起来的，我们的道德教育、人生价值观、历史知识，都是从茂腔里学到的。”“我们高密有很多闯关东的，据说有一个闯关东的老太太生命垂危了，家人就拿一盘茂腔盒带往录音机里一放，老太太从病床上一跃而起，下来吃了一碗面条就干活去了。虽然有点夸张，但是她因为长期不听，偶尔听到确实会激动。我自己有亲身经验，我当兵两年后第一次回家，一出车站检查口，就听到车站门口小卖部放茂腔的带子，一下子热泪盈眶，至于她唱的什么跟我没有什么关系，一听那旋律，就感觉到过去的一切都回来了。”高密当地有句民谣：

“茂腔一唱，饼子贴到锅台上，锄头锄到庄稼上，花针扎到指头上。”这种极为形象的说法，足见当地人对茂腔的喜欢程度。莫言说过：“作家的许多人生观、道德价值观都在童年和青少年时期形成，这个时期的经验是刻骨铭心的、触及灵魂的，是能够影响他的后半世的。”

在人民公社时期，农村中只要孩子懂事了就要开始干活给生产队挣工分换钱，莫言12岁辍学后到生产队干活，主要是割草放牛。随着年龄的增长，他开始学一些农活，到了十六七岁的时候，给棉花治虫、推小车、割麦子等等，什么都能干了。为了谋生，跟着大祖父学中医，苦读《本草纲目》，后来通过实践，摸摸脉，开个药方，能给别人治病了。但这在一般人眼里只能算是“雕虫小技”，在那“割资本主义尾巴”的年代，想以此为业或谋生是很难的，没什么光明的前途。随着年龄的增长，他愈发强烈地想改变自己的命运，“1973年，托我叔叔的面子，我进了县棉花加工厂当了合同工。”莫言在《我的中学时代》中回忆：“进厂登记时，我虚荣地谎报了学历，说自已是初中一年级。但很快就有一个曾经在我们村的联中上过学的邻村小伙子揭穿了我，弄得我见了人抬不起头来。后来听说厂里的合同工大部分都往高里填学历，有的人明明是文盲，硬填上高中毕业，我把自己的学历填成初一，其实是很谦虚的。因为我叔叔在这家工厂当主管会计，所以就安排我当了司磅员，与笔和算盘打交道，在不知底细的人心目中，我也算个小知识分子了。当时工厂里经常组织批林批孔的会，厂里管这事的人以为我有文化，就让我重点发言，我就把报纸上现成的稿子抄到纸上，上去慷慨激昂地念一通，竟然唬住了不少人。厂里曾经莫名其妙地掀起过一个学文化运动，让我讲语文，我没有办法，就去书店买了一本关于写作的小册子，上去胡说一通，一课下来，竟然有人说我讲得好，还有人以为我在中学教过书。”

在工厂一晃就是3年，1976年征兵时节，已错过3次当兵机会的莫言，又有了想当兵改变命运的冲动，他回忆说：“在中国很长很长的一个时期内，对广大的农村青年来讲，当兵是他们唯一的一条有前途的出路。就离开农村你要到城市里去，那只有当兵。因为工农兵大学生要推荐，那么少的名额，哪能轮到普通农村孩子头上，所以在我那个年代，像我一样的农村青年，大家梦寐以求的就是当兵。”当时像他这样的出身，在村里是当不了兵的，在棉花加工厂干临时工的莫言搞了个“擦边球”，莫言在《我的大学》中写道：“村子里的干部和几乎所有的社员都到昌邑县挖胶莱河，适龄青年在工地参加体检。我那时在棉花加工厂当临时工，没去挖河，在公社驻地与社直机关的青年一起参加了体检。正好公社武装部长的儿子也在棉花加工厂当临时工，我知道他父亲手中的权力对我多么重要，平时就注意团结他，征兵开始，我就给他父亲写了一封信，让他送了去。再加上许多好人帮忙，我就这样混进了革命队伍。”在外地水利工程施工的村支部书记和民兵连长回来后很有意见，也有村民抱怨：“贫农下中农的孩子当不了兵，竟然让一个老中农的孩子当了兵！这是什么世道？阶级斗争还搞不搞？”刘建昆在《莫言在黄县当兵的日子》中写道：“当时莫言感到一种有无数双手要把他拖回来的威胁，所以他想赶快走、走得越远越好。莫言称，‘上了军车以后，希望车一直往前开，一直往前开，结果只开了几个小时车就停住了，说到了。我一看是在黄县，离家乡才三百多里路。’这时莫言心里面真是忐忑不安，他希望到的是遥远的大西北，到这些人伸手不可及的地方去才好。”他一时赌气，发誓永不回来。

中国经历了数千年的封建社会，在农村，人们世代生活在一起，相对封闭，一村就是一个小社会，在这个小社会，祖祖辈辈沉淀了太多的人情世故、恩爱情仇。受儒家传统影响，一个人不完全属于自己，也属于家庭和家族，人与人之间，家族与家族之间相互竞争、攀比、嫉妒、算计，起起伏伏，时而铁板一块，时而散沙一片，时而皆大欢喜，时而刀枪剑戟，时而温馨和谐，时而令人窒息，像莫言这样的家庭出身、这种秉性，又有“劣迹”，在村里是很难混的，饱尝的是鄙视和委屈。而部队却是另一个全新的氛围，全新的环境，人与人之间虽然有官兵之别，但还是相对单纯，没有过往的纠纷瓜葛，身心还是轻松了许多。到了部队，起初的军训是很苦，这对自幼吃苦惯了的莫言来讲，算不了什么。但莫言最担心的事还是发生了。有一天，新兵连指导员把莫言叫到办公室，拿出一封告状信，信上告发莫言家庭出身不好，还有海外关系，说他是混入革命队伍里的一个坏人等等，莫言很害怕，担心把他退回原籍。指导员却对此看得很淡，非但未难为他，还鼓励他好好干，这让莫言感激流涕，暗下决心要干出个样子来。据他战友回忆，一天，莫言生病发烧，班长让莫言在家搞内务，他掀起枕头，扒开稻草，用一根生锈的铁钉子，在方砖上刻了好多豪言壮语。因在新兵连表现突出，参军 20 多天，他被分配到参谋部下属部队当警卫战士。莫言每天站两班岗，剩下的时间大多是去种部队的 30 多亩地。部队总共只有 6 个战士，每年生产上万斤的小麦，所以最大的好处就是不缺吃的，并且天天白面，鱼肉不断，这对从小吃糠咽菜的莫言来讲，等于上了天堂。尽管如此，他还是立志当一名好兵，认真站岗，积极出公差，争着打扫厕所做好人好事，这对从小干农活出苦力的莫言来说，简直是小菜一碟。由于表现突出，莫言不到一年就当上了副班长。好事还在后头，1978 年初，领导找莫言谈话，说上级分配给连队一个报考解放军郑州工程技术学院的名额，经研究，决定让莫言复习功课，准备参加考试。莫言只上了小学五年级，又离校多年，语文、政治还好对付，但数、理、化一窍不通。但莫言不想错过这次机会，找来课本，请部队一姓马的技师业余辅导，一天到晚躲在一隐蔽的工具储藏室里学了起来。但百倍的努力并没有等来预期的结果，到 8 月份时，教导员又找莫言谈话，说："上级刚才来电话，原先分配给的那个名额取消了，希望你能正确对待。"莫言大哥管谟贤回忆，当时莫言可说是真用了功，很想抓住那次机会。但是半年之后，据说名额被顶替了。"当时莫言给我写信，受到的打击很大，他自己说死的心都有了。我说不能死，死了就什么都没有了。"但没有白流的汗水，机会留给有准备的人。那时，正是全军学文化的热潮，教导员让莫言给战士们讲数学时，莫言才意识到，在半年的时间里，真的学会了不少知识。后来，上级领导下来视察，听了莫言一堂三角函数课，认为很有水平。不久，莫言就被调到保定训练大队当了一名教员。作者刘建昆在《莫言在黄县当兵的日子》中写道："1979年，莫言24岁。这年，他在黄县入了党。7月，莫言回老家结婚。一个星期后，他接到速回部队的电报。莫言返回黄县部队驻地，领导让他赶紧打包到保定报到。他从黄县调到保定，到位于狼牙山脚下的训练大队当教员，搞新兵训练，后来就留在了保定。"莫言明白，提干才是继续留在部队的全部希望。因为自身条件限制，到了1980年莫言提干的希望仍很渺茫，他又一次拿起了笔开始创作。功夫不负有心人，1981年秋，莫言发表了第一篇处女作《春夜雨霏霏》，并第一次用"莫言"这一笔名。当时，责任编辑毛兆晃给予了悉心的修改和指点，在这之前，他曾给包括《莲池》在内的很多地市级的文学期刊投过稿，但从没有发表过。可以说，《莲池》是莫言小说创作中的一个重要的起点。此后，在毛编辑的指导下，他又发表了多篇小说，莫言对此非常感激，"滴水之恩当涌泉相报"。有一次，毛兆晃到部队看莫言，在交谈中，莫言说这个山上出产水石，是很高的石头。毛兆晃无意间说自己平时也喜欢养花弄草，喜欢漂亮的石头，希望莫言给采一块。为了感谢毛编辑，莫言用一个麻袋从驻地背了两块大石头，足足有80多斤，跑了几十里路，爬到6楼送给毛编辑。把毛编辑吓了一跳，他说，他只需要拳头般大小的石头。莫言从1981年到1983年在《莲池》上接连发表了4篇小说：《春夜雨霏霏》、《丑兵》、《因为孩子》、《售棉大路》，均是经毛兆晃的手修改、打磨、编发出去的。这让莫言感激万千，他在给毛编辑的信中写道："您是我的父辈，我的文学上的启蒙老师，我有义务为您的健康作出自己的努力，稿费（转载费）作为您的劳动报酬，应该变成滋补品促进您和林阿姨的健康。假若您硬把钱寄来，那会使我很伤心的（如果您硬是寄来，我也要变法儿还给您的）。"《小说创作》（《莲池》后改名为《小说创作》）

编辑部主任石雨，保留着创刊以来的每一期杂志。根据他的统计，莫言一共在保定市文联主办的杂志上，发表了6篇作品。两年前，石雨在整理书信时，掉落出署名莫言的信件，写给编辑毛兆晃的有4篇，其中一篇这样写道："毛老师：您好！来信收到，十分感谢！您及编辑部诸老师为我这个无名小卒的极不成熟的作品费了不少心血，我惶惶不安，惭愧！在您的扶持下我的作品即将见诸刊物，这对于我是一个极大的鼓舞，极大的鞭策。我一定不辜负您的期望，不断地努力，争取有新的进步。我是山东高密人，七六年入伍，现任工程技术学院临时分校政治教员（滥竽充数），部队驻地易县石门。老师有空请来玩。此致：敬礼！学生莫言 7月20日"石雨认为，莫言从在文学上开始学走路时，就给编辑写这么热情的信，他有一颗谦虚感恩的心，直到现在获得诺贝尔奖，他始终如一，不会冠冕堂皇地说官话。

莫言1982年夏被破格提拔为正排级教员，并调到北京延庆县某部队机关工作；1984年秋被解放军艺术学院文学系录取，文学素养大为提升，真正走上了军旅创作之路。莫言感慨："我觉得文学是一种最有力量也是最自由的方式，所以我就开始写作了，当然也包含了我希望通过写作来证明自己，通过写作来改变我个人的命运。"这对于莫言也许有另一层更为不同寻常的意义。1966年5月4日至26日，中共中央政治局召开了政治局扩大会议，5月16日通过了中共中央《五·一六通知》，"文化大革命"爆发。1966年6月13日，以中共中央、国务院的名义发出通知，决定1966年高等学校招生工作推迟半年进行；1966年7月24日，中共中央、国务院发出《关于改革高等学校招生工作的通知》，《通知》决定取消考试，采取推荐与选拔相结合的办法；1968年，毛泽东指出："大学还是要办的"；1970年6月27日中共中央批转了《北京大学、清华大学关于招生（试点）的请示报告》，《报告》提出要从有经验的工人、农民中间选拔学生，到学校学几年以后，再回到生产实践中去，并决定于当年上半年开始招生；1971年4月15日至7月31日，国务院召开全国教育工作会议，肯定了试办班的经验，并规定“大专院校招生的主要对象是具有二至三年以上实践经验的优秀工农兵，一般有初中以上文化程度”；1972 年开始恢复招生，取消考试，实行自愿报名、群众推荐、领导批准、学校复审的办法；1973 年中央提出招生要重视文化考查，注意了解学生各方面的能力和基础知识水平，当年还进行了政治、语文、数学、理化四科的书面开卷考试，即使这样，还是被“四人帮”作为“回潮”批判，把“白卷先生”当英雄；1974 年又恢复推荐入学的方法，直到 1977 年恢复高考。在这期间，莫言随着年龄的增长，还是依稀知道，农村青年，家庭出身只要不是“地富反坏右”，具备中学的同等学力，劳动积极，都可以接受贫下中农的推荐，免试进入大学，更让他冲动的是，听说一位叫张铁生的青年，在 1973 年那次“开卷考试”中，物理、化学只会做 3 道小题，其余一片空白，但他在试卷背面写了一封“给尊敬的领导的一封信”。这封信让张铁生得到重视，最终被铁岭农学院畜牧兽医系录取，并被冠以“白卷英雄”。莫言在绝望中似乎看到了一线希望，于是就给当时任教育部部长的周荣鑫写信，表示想上大学的强烈愿望。后来莫言还真的收到了教育部的回信，“信笺上用圆珠笔写了几行歪歪扭扭的字。大意是信已收到，想上大学的愿望是好的，希望在农村安心劳动，好好表现，等待贫下中农的推荐”。后来莫言才知道，所谓贫下中农推荐其实是一句美丽的谎言，那时大学招收的学生少，每年的招生名额到不了村这一级就被瓜分光了。更何况，在当时，农村中等级最高的是“贫下中农”，可以优先享受一切的政治和经济权利，压在最底层的是“地富反坏右”，莫言家是中农，只是“团结的对象”。村里人听说莫言在做大学梦，都用异样的眼神看他，好像看一个神经有毛病的人，甚至生产队的贫农代表当着许多人的面嘲笑他说：“你这样的能上大学，连圈里的猪也能上！”

莫言十分珍惜这次梦寐以求的求学机会。他的大学教员刘毅然这样回忆：“当时有的同学正忙于发表作品，好像怕误了最后一班地铁似的，经常事假病假地逃课，我便很愤怒，那么多当今中国最优秀的作家学者来授课容易吗？多好的机会呀，咱们中国人爱说机遇，但往往不知道机遇就在身边。莫言不这样，他从来不缺课，在课堂上也从来不故作高深地读书看报或者大声咳嗽或者很悲壮地愤然出走，以显示自己的学问比老师还高，自己的精神比张铁生还铁。有好几次，当我把老师领进教室里时看到座位上少了几张亲爱的熟悉的脸，心里就一阵阵难受，感到对不起大清早爬起来给我们智力拥军的老师，可我总爱往教室后排靠窗的位置上瞄一眼，没错，莫言准在那儿呢，他的温柔的目光给我一丝温暖，我心想，就凭这，值得！上足底肥的庄稼长不好才怪呢，莫言错不了！”

事实也如刘毅然所愿，在求学期间，莫言以《透明的红萝卜》、《红高粱》等一系列作品，引起文坛的轰动。但他并没有踌躇满志，而是“学然后知不足”，在解放军艺术学院毕业后，回到部队，一边工作，一边创作和学习，1988 年当他得知北京师范大学正在举办首届文学创作研究生班，就抓紧报了名，并于这年秋天被顺利录取。当时他已经是小有名气的青年作家，但他并不想当特殊学员，平常，他总是按要求上课听课，完成应该完成的创作作业。当时的研究生班教员何镇邦回忆，“1990 年春天，他因家中有事请假回山东高密，大概由于家事未曾料理好，多耽搁了些时日，假期一超再超。而按学校的规定一门学位课如果因病因事超过 1/3 的课时未能上课时，就取消学生参加这门学位课考试的资格。而一门学位课没有成绩，是不能获得毕业文凭的，更谈不上撰写硕士学位论文参加答辩了。当莫言请假的时间接近一门学位课 1/3 的课时的时候，我让他的同学给他捎了信，他得知后立即赶回北京，不仅作了口头的检讨，还写了书面的检查。我们当然谅解了他，让他继续听课。”1991 年春，莫言顺利修满了应修的学位课和专题课，获得足够的学分，领取了文学创作研究生班的毕业文凭。后来，又顺利通过了学位论文答辩，获得文学硕士的学位，这对于他后来的文学创作无疑是个很有用处的加油站。毕业后，莫言又回到了解放军总参谋部工作，也迎来了又一个创作高峰期。

1997年10月，莫言从部队转业到检察日报社工作，很快成了检察干警的良师益友，并创作了一批有影响力的检察题材文学影视作品，塑造了一批生动鲜活的检察官艺术形象，连续10年参加检察日报社主办的全国检察文学笔会，研讨检察文学创作，扶植检察文学新人。内蒙古自治区人民检察院铁检分院检委会专职委员、著名诗人苗同利说："今天／中国没有夜晚／中国无人入睡／当夕阳把一个世纪惊叹投入黄河／当一条大河惊叹着／流向天边。"广西壮族自治区人民检察院反贪局干警、作家朱晓华说："我的电影和长篇小说《暴风眼》都得到了莫言的指点。可以说，莫言是我创作道路上的恩师，莫言获诺奖，我感到无尚光荣！"朱晓华还在《检察日报》撰文《莫言，我的兄长和老师》，重温莫言对自己的关怀和指教。最高人民检察院影视中心导演高伟宁说："在与莫言近距离的接触和创作过程里，至今不能忘怀的是他犀利、深刻的思想与博大、宽容的品格。更重要的是，他的文学作品让我懂得如何凝视世间的苦难，以及对天下众生的深切同情。"2007年10月，莫言调入文化部中国艺术研究院工作，但仍关注检察工作。2011年6月22日，莫言参加中国检察官文学艺术联合会代表大会，并当选为中国检察官文学艺术联合会顾问。现在仍担任最高人民检察院影视中心艺术总监、检察日报社《方圆》杂志名誉主编。在检察日报社的10年，他的创作也到了丰产期，先后创作了《红树林》、《檀香刑》、《四十一炮》、《生死疲劳》4部长篇小说，《三十年前的长跑比赛》、《司令的女人》等7部中篇小说，《拇指铐》、《冰雪美人》等十几个短篇小说，《霸王别姬》、《我们的荆轲》两部话剧，还有数十篇散文，并参与了电视连续剧《红树林》和《良心作证》的编剧。此间，他还出版了30多种外文版小说，多次出国访问，并获得法国儒尔·巴泰庸外国文学奖等多项国际大奖。

10多年前，莫言与几位朋友去斯德哥尔摩参观，目睹了瑞典皇宫的富丽堂皇，也仰视了颁发诺贝尔文学奖的地方，朋友突发奇想，调侃莫言，让他好好写，将来也可能得奖。莫言坦言，当时他“默默地下决心要好好写，争取来这儿领奖。而11年后，这句玩笑成真了。”香港武侠小说家获悉莫言得奖后说：“真替莫言高兴。曾在那年香港书展上见过莫言，给人印象非常低调厚实。对莫言的印象，朋友们几乎是相同的：低调而不张扬，越来越能控制内心情感，创作富想象力，狂放不羁，语言行文犀利恣肆，不因循守旧，勇于大胆创新，许多作品超出读者阅读经验，在现实生活中，他却胆子不大，见到陌生人似乎有些腼腆，夹杂着胶东口音的语调始终慢声轻气。”在人们眼里，莫言从相貌上很难找到一点潇洒的神情：过早谢了顶的脑袋，没有窄腰而只有肥臀的线条。窄窄的一双眼睛，似乎也不具备穿透生活的光泽。用人体造型美的视角去扫描莫言，他不能算是中国文苑美汉。不过，凡与他交往过的人都说他憨厚，常替人着想，是个一贯没有文场中娇气、肯吃苦负重的人。正是这种独特的思维方式赢得了中国读者和西方读者的共同理解。北京老作家从维熙说，在人品上，莫言绝不是文苑中的跳蚤之类，他是一个值得信赖的朋友。一天，他与莫言在电话中聊天时，告诉他一件生活琐事：从维熙寓所那儿正在粉刷楼房，一个打工仔从楼里得知从维熙是个作家。一天，那个打工仔乘升降梯经过从维熙家漏窗时，突然问他是否认识莫言。从维熙不置可否，反问他为什么问这个问题。他说是山东省高密县人，他们那方水土出了个莫言。从维熙说：“既然我也是个作家，想必我就认识莫言。我没正面回答那个小伙子的问题，只是把一包‘红塔山’香烟递到他手里。其实这只是我和莫言聊天时，信马由缰说出的一件生活趣事。”没想到几天后，快递公司的投递员按响了从维熙家门铃，是莫言送来两条“红塔山”香烟和一瓶“五粮液”名酒。他打电话给莫言，说不解其意。莫言说这是出于对老哥的友情。事后，从维熙再三思忖，觉得不只是对他个人的情谊，更包容了对高密一草一木的一往情深。从维熙说：“以此生活细节，可探讨莫言的创作源泉，以及他的为人之道，这就是从文到人的一幅莫言肖像。”

莫言在自己开辟的文学王国里无所不能，放荡不羁，风流倜傥，但在现实生活中又是十分保守的。

莫言的人生中，遍尝了被俯视、平视、仰视的滋味。他获得诺贝尔文学奖后，似是“众星捧月”，身上套满了光环，但莫言仍保持低调，不以“大牌”自居。2013年5月，莫言被聘任为北京师范大学国际写作中心主任，上任后，他仍保持低调务实，以培养新人为己任，对“中文系是否该培养作家”这个有争议的问题展开研究，并提出：随着时代发展，写作也变得不像过去门槛那么高了，很多人实际在上学期间就开始写作，而且取得好的成绩，应该鼓励。写作和上学不矛盾，而且是相得益彰的。学生在校期间有文学创作方面的实践，对于学习现当代文学、古代文学，都很有帮助。因为作为一个实践者、创作者，理解别人的作品可能更直接、更到位，所以要鼓励在校学生拿起笔来写作。他的这一提法，对指导该校教学很有意义。他勇于纠错的故事被传为佳话，还被2013年山东高考作为自命题作文素材，“近年来，素有‘语林啄木鸟”之称的《咬文嚼字》杂志开设专栏，为当代著名作家的作品挑错。发现其中确有一些语言文字和文史知识差错。对此，这些作家纷纷表示理解，并积极回应。中国作协主席铁凝诚恳地感谢读者对她的作品‘咬文嚼字’；莫言在被‘咬’之后，也表达了自己的谢意，他表示，请别人挑错，可能是消除谬误的好办法。”

曾几何时，莫言对故乡充满了敌意。21岁前，莫言在家务农，饥饿，劳作，加上那个时代特有的不公，让他苦不堪言。他在《超越故乡》中写道：“当我作为一个地地道道的农民在高密东北乡贫瘠的土地上辛勤劳作时，我对那块土地充满了刻骨的仇恨。它耗干了祖先们的血汗，也正在消耗着我的生命。我们面朝黄土背朝天，比牛马付出的还多，得到的却是衣不蔽体、食不果腹的生活。”“年轻时总盼尽快远离这片贫穷的土地，永不再归，而40岁以后却又总不自觉地念及已去的那些人那些事，那些艰辛的情景，那些难以忘怀的往事陈情。女儿长大后，我总时不时地让她回家过些时日，体验乡土民情，念族思源，恪守永不嫌贫爱富的操守。”“我生于斯，长于斯，我最早的作品也是以在这个地方成长的经验、亲身经历，甚至很多小说里好多的人物原型都是我的左邻右舍，所以我想没有这块土地，没有这块土地上的我的乡亲们，也不可能有我这样一个作家。”当然，莫言的家乡也不是世外桃源，在市场经济的大潮中，莫言深深感受到，物质上的变化能触摸到。房子比过去漂亮，吃的穿的比过去有很大改变，农民劳动方式也有很大变化。难把握的是人心的变化，特别难的是对当下农村年轻人想法的把握。

二

莫言获得诺贝尔文学奖，当然是由多重因素促成的，而从自身而言，他自幼就有文学天赋，这是前提，但还要同后天的修养、生活积累和勤奋努力紧密结合在一起。在当下，人们“望儿成龙、望女成凤”可谓达到了极致，真是“可怜天下父母心”。市场经济对中国带来的冲击、挑战、困惑、机遇和生机，有目共睹，最可喜的是它为普通人施展才华、自主创业、实现价值提供了更大的空间、更宽的渠道、更多的舞台。特别是互联网的运用和普及，使社会更加公开、透明，信息共享、知识爆炸、地球变小、优胜劣汰、竞争激烈。可以说，国与国之间、地区与地区之间、行业与行业之间、行业内部之间、人与人之间，竞争无处不在。竞争的主体是人本身，一切竞争归根结底是人的竞争、是人才的竞争。人才问题成了社会的焦点，人们为在竞争大潮中不落伍、不掉队、立于不败之地，不放过任何学习、深造、培训、锻炼、提升的机会，特别是对子女教育，更是不惜血本，望子成龙，望女成凤，望眼欲穿，绞尽脑汁，趋之若鹜。有需求就有市场，有大需求就有大市场。当下，教育市场异常火爆，大学增设、增编、扩建、扩招、争地盘、争生源；中小学教育情系千家万户，择校、迁户、奥赛、偷改户籍等等，挖空心思考大学、上名校；留学热继续升温，势头强劲，洪流滚滚；婚教、胎教、幼教五花八门，两厢情愿；职业教育、业余培训、特色训练、讲座论坛更是铺天盖地，无孔不入，参差不齐，鱼目混珠。对于这种现象，令人喜忧参半，喜其觉悟，意识到教育的意义、教育的重要，忧其冲动、感性、攀比、盲从、跟风。事实上，许多人对教育的内涵还未完全搞清弄懂。教育的真正内涵是分类施教，提升人的综合素养。现在都十分重视优生优育，孩子的雏商一般没有问题，家长们却挖空心思提高孩子的雏商[1]。

就个体的人而言，西方人喜欢将其分解成各项具体指标，或称“商”，进而标准化、数据化、程序化。常见的主要有以下几项：一是智商，即智力商数。其内涵在不断发展拓宽中，一般指一个人的注意力、观察力、记忆力、分析问题的能力。当代心理学家斯滕伯格提出成功智力的概念，认为成功智力是分析性智力、创造性智力和实践性智力的总和与平衡。二是情商，或称“情绪智慧”、“情绪智商”。它是美国心理学家丹尼尔．戈尔曼在1995年提出来的。它代表的是一个人的情绪智力，包括自我意识、自我激励、自我控制、感情交流、人际技能等。三是逆商，全称逆境商数，一般指挫折商或逆境商。它是指人们面对逆境时的反应方式，即面对挫折、摆脱困境和超越困难的能力。是美国职业培训师保罗·斯托茨首先提出的概念。四是德商，是指一个人的德行水平或道德人格品质，内容包括体贴、尊重、容忍、宽恕、诚实、负责、平和、忠心、礼貌、幽默等各种美德。它是由美国学者道格·莱尼克和弗雷德·基尔在他们2005年出版的《德商：提高业绩，加强领导》一书中首先提出的。五是财商，最早由美国作家兼企业家罗伯特·T. 清崎在《富爸爸穷爸爸》一书中首先提出来的。清崎的本意是“金融智商”，在传入中国后，被转译为“财商”，涉及范围也从“一个人在财务方面的智力”扩大到“一个人对所有财富的认知、获取、运用的能力”。它包括两方面的能力：正确认识财富及财富倍增规律的能力和正确应用财富及财富倍增规律的能力。六是

〔1〕作者自创的词语，意思是：人一出生就有的智力商数，简称雏商。

法商，法治商数，是一个人对法的内心体认和自觉践行，体现的是人们法律素质的高低，法律意识的强弱，明辨是非的能力，以及依法办事、遵守秩序、崇尚规则的自觉性和主动性，“法商”是2007年8月教育部公布的171个汉语新词之一。概言之，法商是法律意识、法律知识、守法习惯的总和。七是心商，是指维持心理健康、缓解心理压力、保持良好心理状况和活力的能力。代表性的著作有赵中川的《心商人生》。八是灵商，20世纪90年代末期出现的一个概念，是英国人达纳·佐哈、伊恩·马歇尔夫妇首先提出来的，特指对事物本质的灵感、顿悟能力和直觉思维能力。九是健商，也称健康商数，是指一个人健康意识、知识、技能的综合水平。此外，还有胆商、志商、艺商、武商、媒商，等等，不一而足，林林总总。

从上述罗列可以发现，各个“商”中，绝大多数最终落脚点是“能力”，只有“德商”是“品质”，这就暗合了中国的传统。在我国，“德”与“能”是分开的，如“德才兼备”、“德艺双馨”、“习武先修德”等等。评价一个人，道德和能力是两个大的指标，并且前者优先，是前提和基础。从唯物主义角度，人非生而知之，道德和能力是后天形成的，但每个人的起跑线是各不相同的，即使是孪生孩子概不能外，因为性别、血型、遗传性疾病、先天性生理缺陷（弱智、肢残、口吃、聋、哑、瞎或其他隐形疾患）等，都是先天就有的，后天很难改变，而且，人的许多潜能也不同程度的受遗传基因的影响，如身高、肤色、长相、音质、性格、喜好（有人对数字敏感，有人有艺术细胞）等等，此外，还有左撇子、特异功能者。所有这些，对人的成长都或多或少的造成影响，这就又暗合了中国一条古训：有教无类，因材施教！被誉为中国“天才指挥家”的舟舟，又名胡一舟，1978年4月1日在武汉出生不久，就被确诊为不可逆转的中、重先天愚型患者，或称唐氏综合症。其父母不放弃，不抛弃，发现他逻辑思维能力差，但形象思维能力很强。两三岁时，爸爸胡厚培就带他泡在自己所在的武汉交响乐团的乐队里。舟舟的音乐潜质慢慢得以强化、开发，6岁便能上台指挥，后成为中国残联艺术团的重要演员，2000 年应邀在美国成功地指挥了世界顶尖级乐团——美国国家交响乐团、辛辛那提交响乐团，演出震撼了全美。

由此，笔者从教育和判断的角度，中西结合，对人的综合素养衡量，提出三个指标：雏商、德商和智商。其中，雏商，也称初始商数，是指人们与生俱来的身心状况和潜质。据 2011 年 11 月 18 日深圳新闻网讯：深圳市第三高级中学 13 岁的高二学生饶家鼎，被北京大学数学科学院和清华大学数学科学系提前预录取。该生 1998 年 2 月出生，2010 年 12 岁时参加全国高中数学联赛，与高三顶尖学生同台竞技，荣获全国三等奖。其父饶浩雁介绍说，孩子在 1 岁半时就可以背诵 70 多首唐诗；3 岁时对电话、车牌号码等可过目不忘；9—10 岁时，分别获得华杯赛一等奖、华杯赛全国精英赛深圳第一名；11 岁获全国华杯赛初中一等奖。他人际关系好，爱好钢琴、国际象棋、足球等。饶家鼎属于雏商超强的类型，古今中外，类似实例并不鲜见。

德商，也称品德商数，是指一个人的德行水平或人格品质，内容包括体贴、尊重、容忍、宽恕、诚实、担当、平和、忠心、感恩、珍惜、礼貌、幽默等各种美德。智商，也称智力商数，其内涵在不断发展拓宽中，一般是指一个人的注意力，观察力，记忆力，分析问题、解决问题的能力等。当代心理学家斯滕伯格提出成功智力的概念，认为成功智力是分析性智力、创造性智力和实践性智力的总和和平衡。它包括情商、财商、法商、心商、灵商、医商、健商、胆商、志商，等等。

为体现雏商、德商和智商三者的关系，打一个形象的比喻，譬如画画，雏商是画板，德商是底色，智商是作品。从教育学的角度看，雏商是教育的起点，德商是教育的首要课题并贯穿人生，智商是教育的最终目的和归宿。人的起点各不相同，教育就不是千篇一律，而是因材施教，有的放矢。德商是一个人成才的前提，没有道德的滋养，就如树木缺水少肥，不见阳光。智商是在道德的滋润下各种能力的培养，道德加能力才是真智慧。从人才学的角度看，对一个人要从雏商、德商和智商三个方面多维度衡量，通过剖析雏商，主要把握一个人的成长背景、可塑性、潜质等等；德商主要衡量一个人的对自己、他人、社会、自然的价值取向、人生态度和生活习惯等；智商主要评判一个人综合的和某几个、单个的能力或才艺。而就我国目前的情况，作为培养人才根基的教育，在上述三者关系上已经失衡和异化。在人们的意识中，从幼儿园起跑，一路冲刺、冲刺再冲刺，考学、考学再考学，最后企盼找个好工作。在这个长长的教育链条中，“培养人”这三个大字已从教育殿堂退避三舍，占据教育大雅之堂的，是考试、分数、升学。特别是独生子女一代，被过分溺爱，往往在有意无意中享有过多的不该享有的待遇和福利，减去了本应经受的经历和磨砺，比如接生，常识告诉我们，除非迫不得已，同等条件下，对婴儿来讲自然顺产比剖腹产强。过多或过早地被塑造，使孩子失去了本该自我塑造的机会。教育的这种价值取向必然导致整个教育系统的急功近利，必然排斥教育的育人功能，或者说德商的提升，而把教育的主要功能定位在知识的传承和考试能力的训练上，把做人的教育、文化传承的教育、价值信仰的教育等等，几乎都排挤掉了，造成了当下我们许许多多的孩子缺乏价值信仰、文化涵养、文明素养。

人是社会的产物，与他人、社会和自然有千丝万缕的联系，作为一个独立的人，要生存需独立面对、经历、承受许多东西，是不能越俎代庖的。2012 年 12 月 17 日胡瀚霖在《解放日报》上发表《生命的细节无非一个“逼”字》，其中的几个例子很发人深思：一说“贵州的山多石，而这种石山上竟然长着树，虽不十分高大，却也绿树成荫，细细观看树的主干都从石缝中长出，树根则长长伸出，团团抱住大石，以使树木本身可以牢固地站立，抵御暴风雨的侵袭，它们就靠吸取阳光雨露生存，打破了‘植物生长靠泥土’的自然铁律。”一说“鱼都有鱼鳔，它起到使鱼儿在海中自由沉浮的作用。但是鲨鱼没有鱼鳔，它必须不停地游动，才不会沉入深海而被海水的重力压死，于是它就连睡觉都必须是游动着的，也正因为它们不停地运动，使它们力量更强大，肌肉更结实，最终成为海洋的霸主。”一说“前推100万年你要问我谁是地球的主宰？我会选鳄鱼、狮子、熊，或者豺狼虎豹等，就如同恐龙主宰世界一样；但绝对不会选人类。因为如果人类赤手空拳与上述掠食者单挑，没一个人打得过它们。但是自然界在弱肉强食的法则之外还创造了智能，而人类的生存智慧远远超过了其他动物，他们发明了工具，这就使得弱肉不但不被强食，反而要去食那些‘强食’。”作者最终的结论是：无论植物、动物还是人类，生命的细节无非一个“逼”字。而作为现代人，特别是孩子，要“逼”他什么？我们现在的孩子，从母体受孕就享受着科学配方的营养，五花八门的胎教，一出生，更是投入无微不至呵护的怀抱，真是“什么也不缺”，是“小皇帝”的生活。

随着科技的日新月异，电子产品无孔不入，应有尽有，电脑、手机、电视包围着孩子的生活，孩子自幼就生活在编辑、虚幻的世界，据专家考证，六七岁的孩子会有一些完美主义的倾向，如果沉溺于电视、网络等，那上面的东西他们认为就是完美的，是模板。其实不然，现实生活中有真善美，也有假丑恶，千姿百态，丰富多彩，他们更需要的是融入人群，投入大自然，亲历原汁原味的生活。德国著名儿童健康专家米凯拉·格洛克勒在2012年11月5日的《文汇报》上发表《15岁前，电视和电脑游戏应列为禁忌》，其中说：“看过电视之后，儿童通常会有一下子不知如何是好而倾向攻击、骚扰、烦躁不安、情绪不佳等情况，这种身体上的坐立不安正如他们看电视是缺乏活动一样不正常。这个反应更主要是来自孩子被迫不活动，而不一定是节目内容造成的。当然有问题的内容影响力更大。”“相对于其他儿童，经常看电视的儿童在儿童门诊中还发现有如下症状：（1）比较不怕生，但接近人时比较缺乏尊重或适当的保留。（2）比较难与人建立往来关系。（3）倾向喜欢扮鬼脸，但避开与人的眼神接触。（4）回答问题比较表面而刻板，对事情几乎没有深度的兴趣。（5）比较少阅读，较喜欢‘快捷方式’阅读，如连环画。（6）比较无法集中注意力。（7）缺乏主动理解阅读或听到的东西。”他建议：“尽最大的可能让你的孩子在成长中没有多媒体。让他们以觉察真实的人类与真实的大自然环境为基础，帮助他们与人、与大自然建立真实的、长久的且支持性的关系。与你的孩子对话、陪伴他们游戏；不要让机器成为他们最好的朋友及固定同伴。现在，针对孩子甚至3个月的孩子的电子产品蜂拥而出。而这些东西之所以产生多是基于对孩子的需求而非对孩子的爱，是对儿童发展理论的断章取义和滥用。家长需要了解的是，哪些是市场驱动，哪些是真正源于爱。”

这里，特以“药家鑫案”为例。资料显示，药家鑫系西安音乐学院大三的学生，性格内向，3岁开始学练钢琴，初中就过了钢琴十级，后以优异的成绩考上大学。2010年10月20日深夜，驾车撞人后将伤者张妙刺了8刀致其死亡，驾车逃逸后又撞伤行人，2010年10月23日在其父母陪同下投案。2011年6月7日以故意杀人罪被执行死刑。此案引起了社会广泛的关注和反思，其中著名学者易中天的评述比较有见地：“他到世间来，不是为了杀人，他的人生目标也不是做一个杀人犯。他甚至不是‘预谋杀人’，比如备好凶器，潜伏在路边，单等张妙出现。但他确实杀人了，而且穷凶极恶，暴力血腥，令人发指。”“不知从什么时候开始，中国教育就普遍地‘望子成龙’，至少也得‘成材’、‘成器’。既然是‘成材’、‘成器’，自然不讲‘成人’。一个孩子，怎样才能成为‘真正的人’？他到了社会上，应该怎样对待他人和自己？有哪些基本品质，比如‘恻隐之心’，其实不可或缺？所有这些，学校和家庭都是不想的，也是不教的。他们关心的，是学习成绩是否名列前茅，钢琴和英语过了几级，以及能不能当上班干部，等等。至于孩子的内心世界，他的酸甜苦辣、喜怒哀乐，他的兴趣、追求、烦恼、纠结，根本就懒得去管”，“在‘望子成龙’思想的指导下，许多家长都会把自己的爱深藏在心底，时时摆出一副严厉的面孔，不让孩子感受爱，也不让孩子回报爱。他们以为那就会让孩子‘成材’、‘成器’，甚至‘成龙’，却不知道这样做的结果，无异于慢性杀人。一个真正的人，应该有爱心。”莫言成长过程中有见多识广的文盲祖父、严厉的父亲、慈爱的母亲、如父的哥哥、多才的小学张老师、怀才不遇的右派单大叔、敬业的《莲池》编辑毛兆晃、慧眼识才的著名作家孙犁、高屋建瓴的著名作家徐怀中、瑞典女翻译陈安娜等陪伴，但自己的人生还是自己做主，最终还是自己塑造了自己的人生。

与药家鑫案类似的实例还有不少，或称“药家鑫现象”。造成这一现象的原因固然很多，但其中最根本的原因是中国教育和人才标准出了问题。

一是家庭教育。众所周知，6 岁前是人脑发育最快的时期，是口语发展、概念掌握的关键期，是行为、性格的奠基期，是人一生中最富有可塑性的时期。科学的学前教育，使儿童养成良好的学习和生活习惯。这一阶段孩子主要生活在家庭中，家长作为孩子的第一任老师，重在搞清孩子的雏商，发现并激发孩子的潜质，有意识地强化孩子的德商，在宽松愉快的氛围中适度开发孩子的智商。而不应按自己的意愿为孩子预设人生，恨铁不成钢，给孩子过度的压力和负担，扼杀了天性，催熟了“小大人”、“小童星”。到头来，越怕输在起跑线上，越是“伤”在起跑线上。药家鑫就是这样，中央电视台记者专访他时，他说了这样一些话：“我总认为我自己人生没有价值，从小就经常很压抑，觉得别人都很快乐，我自己做什么都没有意思。”“有一段我不配合他（练钢琴），爸爸就把我锁在地下室里面，除了中午、晚上吃饭的时间上楼，剩下的时间都在地下室。”“爸爸比较凶一些，我投案自首的那天，我害怕见爸爸，怕见到他。”从已掌握的资料和药家鑫的自述中可以看出，他的雏商还好，德商偏低，智商的各分支中，艺商突出，但情商、逆商、法商等主要商数却是弱项。雏商多是先天的、固有的，而德商和智商要靠后天熏陶、培养，特别是童年的家庭教育十分关键，其家长显然忽视了孩子德商教育和智商的全面发展，是在“严管厚爱”的一厢情愿中步入教育的误区，最终酿成悲剧。世界上最好的父亲也许不是帮孩子打点人生，帮忙作出多么宏大的决策，而是在每一个闲暇的时候，对孩子说一声：“还好吗？我爱你，请你悠着点！”在陪药家鑫投案自首的路上，妈妈对他说，爸爸一直为他骄傲。此话弥足珍贵，可惜来得太迟了。2013年6月5日《山东法制报》报道：5月31日晚，武进洛阳戴溪发生一起悲剧，因为填报志愿，一名初三女生与父亲发生了争执，女儿一头跳进了门前的锡溧大运河，女生父亲立即跳河营救，但没找到女儿的踪迹……女生的生前日记本中有这样一句话：“发现自己跟父母很难相处，他们的要求太高了，我做不到。’”

二是学校教育。近年来，学校教育颇受社会各界诟病，或质疑、或愤懑、或揭批，叹“学校教育误人子弟”，特别是著名的“钱学森之问”更令人强烈震撼不已。2005年温家宝在看望著名物理学家钱学森时，钱老曾发出这样的感叹：回过头来看，这么多年培养的学生，还没有哪一个的学术成就能跟民国时期培养的大师相比！钱老认为：“现在中国没有完全发展起来，一个重要原因是没有一所大学能够按照培养科学发明创造人才的模式去办学，没有自己独特的创新的东西，老是‘冒’不出杰出人才。”钱老也许是过于自谦，也许是怕给晚辈更大的刺激，没能点破更深层次的原因，如敢于担当，甘于奉献，忧国忧民，报效祖国的精神和人生境界等等。他本是侨居美国的著名工程物理学家，为报效祖国，历经风险，1955年毅然返回祖国，功绩卓著，被誉为我国的“导弹之父”。另一位大师鲁迅先生，早年胸怀报国之志，考取南京水师学堂，后留学日本，选择学医，意在救治像他父亲那样被庸医所害的病人，改善被讥为“东亚病夫”的中国人的健康状况。后又意识到精神上麻木比身体上的虚弱更可怕，毅然弃医从文，战斗一生，被誉为“民族魂”。

其实，道理也很简单，少有人不知道：人才培养的基础在教育，只有给每个学生提供最适合、最公平的教育，才是出人才的教育。

虽然学生的天赋、兴趣、爱好各不相同，但当前围绕着升学指挥棒，很多学校提供的还是“千人一面”的教育，这妨碍了素质教育的落实，也是对学生的一种不公平，妨碍了他们创造性思维的培养。表象看，这是应试教育惹的祸，根子在人才评判标准出了问题。

自古以来，在中国历史传统中，人们头脑中家族意识“根深蒂固”，家庭中每个分子为团体荣誉，必须好好地做人，光宗耀祖，而不得遗羞于家族。他应该和接力运动员一般一往无前，落伍者不但是个人之耻，也是全家之辱。而数千年的封建社会，等级森严，官本位思想严重，千军万马挤仕途，成功标准单一。秦朝引入军功爵制，许多人英勇善战，不惜血洒沙场；汉代“举孝廉”选官，孝道盛行，多子多福，老者是宝；三国时曹操“唯才是举”，求贤若渴，不拘一格选人才，各路英豪投奔幕下，成就霸业；自隋朝开始的科举制度，历时1300余年，学而优则仕，“朝为田舍郎，暮登天子堂”、“十年寒窗无人问，一举成名天下知”、“春风得意马蹄疾，一日看尽长安花”……宋代皇帝宋真宗更题《励学篇》云：“富家不用买粮田，书中自有千钟粟。安居不用架高楼，书中自有黄金屋。娶妻莫恨无良媒，书中自有颜如玉。出门莫恨无人随，书中车马多如簇。男儿欲遂平生志，五经勤向窗前读。”引无数追梦人“头悬梁，锥刺股”。民国期间，国难当头，引无数仁人志士，热血青年求真理，百家争鸣；图报国，奔赴沙场。“文革”期间，一度“破四旧，立四新”、“知识越多越反动”、“上大学，手有老茧才合格”，无数青年走出校门，上山下乡，接受贫下中农再教育。1977年恢复全国统一高考，具备国家全日制中等专业学校以上文凭，可以直接当干部，端“铁饭碗”；之后的国家人事制度改革，一段时间在“尊重知识，尊重人才”的旗帜下，唯文凭是举，掀起“文凭迷信，文凭狂热”，人们趋之若鹜，考文凭、造文凭、买文凭、卖文凭、冒文凭成风。近年来，急功近利的政绩观也严重冲击了教育，政府把教育纳入地方综合考核，片面追求升学率至上的“教育GDP主义”，导致了教育政绩观的扭曲。而对升学率的恶性竞争，带来的必然是教育的违规竞争、违法竞争，这种竞争不但扭曲了教育，也扭曲了人。联合国把我们美好的成才之梦制定出一个标准，仅仅四条：学会做人，学会做事，学会相处，学会学习。而就我国目前的应试教育，前三条偏弱，最后一条也没做好。2013年5月4日新华社记者刘巍巍报道："5月2日凌晨，南京市溧水县白马镇中心小学一六年级男生在家中自缢身亡，年仅13岁。同日中午，该市栖霞区燕子矶吉祥山庄一名15岁初三男生坠楼身亡。"记者调查了解到，自杀的六年级男生因"五一"假期作业未完成，心中不安而导致悲剧发生。在他留下的遗书中，写满"对不起"。"爸爸妈妈，对不起，我天生不是学习的料。"他说，对不起爷爷奶奶、对不起外婆、对不起姨妈，以及亲戚家的哥哥姐姐们。"爸爸妈妈，我爱你们，天亮了，我走了。"而同日发生的初三男生坠楼事件，同样与假期作业有关。据知情人透露，5月1日晚，家长检查孩子作业，发现还有很多没能完成。2日早上，父亲让孩子留在家中写作业，没写完就不准上学。孩子一个人被关家里，到约11时40分，被发现坠楼。就这样，孩子带着"对不起"和"愧疚"离我们而去，难道说"对不起"，感到"愧疚"的应该是孩子吗？据悉，近年来，各级教育部门三令五申减负，尤其是2013年3月26日，教育部还下发《关于开展义务教育阶段学校"减负万里行"活动的通知》，但实践反复证明，只要以分数论英雄的甄选思路不变，再好的减负政策均属空谈。

从人才成长的轨迹看，由知识到技能、再到悟性的提升是一个漫长、艰难的嬗变过程，而我们目前的应试教育从小学到大学，甚而博士毕业，重心都在初始的学习知识阶段，而且学的多是书本知识，社会知识和实践经验少而又少，道德修养教育只是副科。就是说，校园苦读20年，该学的知识未学全，学到用时终觉少，步入社会尽茫然。加之，现实中许许多多人学非所用，谈技能、讲悟性更是"天方夜谭"。在教育界，有人提出"前10名现象"，是指以一个班级为单位，学习成绩前十名的学生，都是当年班里学习比较用功成绩比较好的，但在以后的生活中，无论他们上了怎样的大学，学到了怎样的专长，其工作和生活往往缺乏智慧性和情趣性，大多属于安分守己、平平淡淡、顺顺当当过日子的那类。对此，当然不能一概而论，但作为一种现象，在现实生活中确实存在，这是需要社会方方面面反思的。

从衡量人才的标准看，首先是雏商，它是孩子的天赋、兴趣、爱好、潜质、优势、缺陷等细化为若干指标，可以说，许多家长和学校目前对孩子的先天特征和后天潜质发现、发掘不够，不科学，不能做到因材施教。德商方面，虽然是人才的前提性、关键性、终生性指标，但往往是家庭和学校教育的盲点和短板。智商方面各指标间不能综合平衡，造成畸形发展。2011 年 11 月 17 日《牡丹晚报》报道：一位萧姓学生家长，被称为“中国狼爸”，他的育儿口号是“三天一顿打，孩子进北大”。只要孩子的日常品行、学习成绩不符合他的要求，就会遭到严厉的体罚。他的 4 个孩子中的 3 个被北京大学录取。这件事让人反思的地方很多，其中一条：考上北京大学就意味着教育成功吗？就意味着孩子成才吗？

至此，再回到原点，可以看出，虽然我们的“应试教育”有着悠久的历史传统，目前在我国培养人才、选拔人才中仍发挥着独特的、不可替代的作用，但其自身一些难以克服的缺陷和弊端也是显而易见的。应试教育只关注少数升学有望的学生，只有能升重点大学的学生才是“好学生”，再教育的阶梯上不断地分化、排挤、分流、淘汰升学无望的学生，让那些升学有望的学生进入普通高中教育轨道，升学无望的学生则进入中等职业教育轨道，从而导致升学成功的学生往往身心发展和综合素质有缺陷；升学无望的学生，进入职业教育轨道的学生，既没有学到文化知识，也没有养成做人的基本素质。就是说，由于长期“应试教育”的影响，我们的人才培养模式还不能完全适应建设创新型国家需要，高素质人才和拔尖创新人才培养能力比较薄弱，创新型人才评价与选拔制度还不尽合理。在全球惨烈的人才竞争中，中华民族立足于不败之地，实现新的振兴，教育是重点中的重点，关键中的关键。药家鑫们让人震惊，“中国狼爸”们让人质疑，“钱学森之问”让人汗颜，媒体频频披露的已经和正在发生的教育不公事件、“颜色标签”（某小学给“差生”戴绿领巾，某中学给“好学生”穿红校服，某中学用红黄绿三色作业本区分学生成绩优劣，等等）、学生自杀案、杀父案、弑师案令人坐卧不安，复旦大学一医科高材生竟用同室校友做致命人体试验。中国教育无退路，改革趟入深水区，到了攻坚性、历史性拐点，再不能畏首畏尾，走走停停，修修补补，必须有大变革，大动作。在这一浩大工程中，政府是主导，整个社会共同参与，人人都是当事者、亲为者，没有旁观者。

对于中国教育改革，虽然全社会都在高喊，但始终落在社会发展的后面，走不出传统应试教育的怪圈。从全球比较中可以看出，中国教育过于偏重书本知识，不注重学生品德和能力的培养，忽视学生天性，而西方特别是美国和北欧，更注重对学生的个性教育、创新教育和社会责任教育，遵循自然法则，侧重实践性。中小学着力培养的是学生的实践能力，而不是依靠死记硬背获得高分，教育的内容和过程在于促进学生适应社会的能力，给孩子创造自由和快乐的成长空间。2013 年 6 月，南方科技大学校长朱清时提到，我国教育培养创新人才的一个重要原因，在于我国的传统教育有一个深层次的弊病：只重视传授知识和技能，只考查学生掌握知识和技能的情况，忽略甚至伤害了学生更重要的创新素质和能力。他认为，高考改革不是要不要高考的问题，而是“考什么”和“如何考”的问题。如果高考不仅像现在这样考查学生掌握知识和技能的情况，而且测试学生的各种素质和能力，并把它们加入到高考命题中；如果高考题目中有相当多需要考生有批判思维能力和想象力才能完成的，那么中学、小学乃至幼儿园都会想方设法提高学生的这些能力，就可以把高考这个指挥棒转化成带动全国教育系统重视素质教育的“纲”，素质教育就不难带动起来了。对于如何在高考中加入测试学生各种素质和能力的内容，朱清时说：国际上已经有大量的经验，如果从国家层面上着力组织一些高水平的专业机构从事研究，再由教育部由浅入深、从点到面的尝试和推广，5年之内，这个高考改革就可以初具规模。朱清时介绍说，两年来，在教育部的指导下，南方科技大学已经在尝试把创新素质和能力测试引入高考。南科大采用“以高考为基础的综合评价模式”录取新生，即让考生通过常规高考检测中学知识的掌握情况、学校组织笔试测试考生的批判思维能力和想象力等素质和能力、再加上考生的平时成绩，综合评价择优录取（高考成绩60%，能力测试成绩占30%，平时成绩10%）。也有人认为，我国有集中力量办大事的政治优势，完全有能力广纳古今中外的教育智慧，将教育改革大踏步推进。政府应建立一整套科学合理的、真正遵循教育规律的教育考核体系，在这一体系中，特别强化教师职业理想和职业道德教育，增强广大教师教书育人的责任感和使命感。要将师德表现作为教师考核、聘任和评价的首要内容，在此基础上，抓好以下几环：一是要科学搞好优生优育教育。许许多多的家长还欠缺必要的优生优育知识，处于懵懵懂懂状态，国家出台了一些相关法律法规，也作了许多宣传和号召，但还缺乏刚性，如有人建议育龄夫妇要“持证上岗”，国家硬性规定生育前要完成一定课时的培训，掌握必要的生理卫生、胎教幼教等方面的知识等，了解相关最基本的国家政策，切实拿出可行的举措，抓好人才的源头，抓好雏商形成的关键阶段。二是理性搞好幼儿教育。一般是指从出生到6周岁前的教育，责任主要在家长，但政府和其他公益机构等也要提供切实的指导、咨询、培训、监督。俗话说，身教胜于言教，家庭教育是孩子人格形成的关键。此时最易身体力行，时时事事做好表率，并为孩子提供一个温馨、欢快、健康、宽松的生活环境，真正让孩子快快乐乐、健健康康地成长，沐浴生活的阳光，并养成良好的生活习惯。在此基础上，适时、适度搞一些道德熏陶、智力训练。而最忌讳的是心急、冲动、盲从，不理性，好心办坏事，欲速则不达，给孩子的成长留下隐患。另外，对确有残疾或其他缺陷的孩子，要尽早在专家的指导下进行针对性的特色教育，切不可遗弃、蛮干和任其发展。

三是慎重搞好小学教育。一般是指孩子 7—12 岁的教育。这是人生的启蒙期，最易发现、培育孩子的潜质，德、智、体全面发展，德育优先。这是德育的黄金期，影响孩子终生，国家要加大投入，强化教育基础设施建设，优化教师队伍，平衡教育资源，给学生公平的受教育机会，给学生充足的课外活动时间和空间。德育和体育时间至少要占整个科时的 1/3 甚至更多，教学模式由“填鸭式”转为互动式，提高学习兴趣，激活内在潜能，考试指标多元化，不再是“考考考，老师的法宝；分分分，学生的命根”，人人有亮点，真正让学生学并快乐着。四是精心搞好初中教育。一般是指孩子 13—15 周岁的教育，这是国家义务教育的最后阶段。这一阶段，在继续搞好德育和体育的同时，把所学书本知识分为必修共同科目和特长科目，让学生在全面掌握综合基础知识的同时，发掘自身的特长和爱好。五是大胆搞好高中教育。一般是指学生 16—18 周岁的高中教育。在这一阶段，职业教育要从一般高中教育中分离，两种教育方向都要借鉴现行的大学教学模式，采用学分制，并加入必要的社会实践课目，学生可以选科目，选老师，给自己更多的自由活动的空间。当然，学校和家长的管理要跟上，不能“放羊”，任其发展。六是放手搞好大学教育。痛下决心，借鉴欧美国家的经验，搞好试点，以点带面，真止去行政化，引入市场机制，与科研、生产一线相衔接，优胜劣汰，各有各的优势学科，各有各的品牌。在国家法律、政策的框架内，自主招生，百家争鸣，百花争艳。那才是教育的春天，人才的沃土，大师的摇篮！

此外，国学书院作为我国新兴的一种教育模式，目前在社会上备受关注，褒贬不一。近年来，消失已久的“私塾”、“书院”等国学教育模式悄然复兴，有的甚至实行全日制教学。据中国书院研究中心主任、湖南大学岳麓书院教授邓洪波统计，截至 2012 年年底，我国有 591 所实体书院，网络虚拟空间办的书院有 100 多所。他们出于对当前应试教育的担忧和失望，寄予“先成人再成才”的美好心愿，借鉴历史上的“私塾”教育，大多采用分级课程：一级（4 岁至 8 岁），必修科目为《三字经》、《千字文》、《弟子规》、《千家诗》、《少儿唐诗》等，选修课为《少儿书法》、《唐诗吟诵》、《笠翁对韵》、《中国古典音乐欣赏》、《少儿武术》等，目的是注重人格塑造，达到帮助学员“立言”；二级（8岁至11岁），必修科目为《大学》、《中庸》、《孟子》、《孝经》、《少儿唐诗》、《诗经（节选）》、《说文》等，选修课为《少儿书法》、《国画基础》、《中国古典名曲欣赏与器乐演奏》、《少儿武术》、《六艺》等，目的是注重人格和品德教育，达到帮助学员“立品”；三级（11岁至15岁），学习科目为《道德经》、《论语》、《韩非子》、《唐诗》、《墨子》、《楚辞》、《尚书》、《说文》等，选修课为《少儿书法》、《国画基础》、《少儿武术》、《中国古典名曲欣赏与器乐演奏》、《六艺》等，目的是关注青少年人格与人文素质教育，达到帮助学员“立文”；四级（15岁至18岁），必修科目为《诗经》、《尚书》、《春秋》、《吕氏春秋》、《管子》、宋词、《古文观止》、《说文》、元曲、明清文学作品选、史学与史学大家作品选等，选修课为《青少年书法》、《国画基础》、《中国古典欣赏与器乐演奏》、《六艺》、《中国传统武术》等，目的是关注青少年人格、世界观与价值观塑造，达到帮助学员“立志”；五级（18岁至25岁），必修课为《易经》、《周礼》、《仪礼》、《文心雕龙》、《尚书》、《春秋》、《吕氏春秋》、《管子》、《中国哲学史》、《中国史学典籍》等，选修课为《中国传统武术》、《职业生涯规划与管理》、《国学与管理原理》、《中西方比较美学》、《创业管理学》、《国学与团队原理》、《虚拟创业与实践》、《国学与创业投融资方略》等，目的是通过全方位培养，达到帮助学员“立业”。对于这种教育模式，持肯定者认为，现行的教育体制过度强调考试技能训练，忽视了对人文素质的培养和行为准则的引导，而国学在这方面却有独到的优势，它重在对孩子道德人格的培养和在文化语境下创造能力的提升，教育孩子首先要成为懂得忠孝礼义廉耻、拥有基本生活技能的人，而不是考试的机器。否定者认为，按照义务教育法规定，年满6周岁的孩子都必须接受义务教育，对于部分办学机构在义务教育阶段，完全摆脱《教育部关于全日制义务教育阶段规范性要求》进行全日制学习国学的做法，法律上是不允许的。孩子不上体制内的小学而进书院，在接受完经典国学系统教育后，如何在学历和学力方面与现行教育体制相衔接，也是个问题。俗话说，百年树人，这种模式是否可取，还是个未知数。也有折中者建议，现代书院的学习首先不能脱离现行教育体系的主要内容，而是探索与现行教育体制衔接的最佳方式，要根据孩子心理及思想发育的情况，使孩子在身心愉悦的环境下接受专业课的教育，在此基础上孩子们通过国学经典的诵读及老师们的言传身教，来学习和体会做人做事的基本道德水准。国学教育不该只是一些家长们放弃高考“破釜沉舟”的选择，而应该成为更优秀、更健全的孩子的源头之一。

三

说来，莫言也算是个“草根”，出生偏僻农村，仅读过小学，自幼历尽磨难，在常人眼里，他能获得诺贝尔文学奖简直是“天方夜谭”。时下，就有这种现象，许多“草根”成了英雄，而有些神童、状元、博士却终身无成；好多商界精英，小学都未读完，弄潮商海，尽显风采，招兵买马，“骄子”投奔，一职难求。对此，仁者见仁，智者见智，人们总喜欢从不同视角探究其中谜底。笔者认为，对于有的神童、状元、博士，他们可能有知识，但不一定有技能、有悟性，而许多“草根”，也许书本知识少，文凭低，但他们阅历丰富，能吃苦，肯钻研，敢实践，有技能，有悟性，照样成功。一个人有知识，不一定有技能，有技能，不一定有悟性。“知识”只是人们在改造世界的实践中所获得的认识和经验的总和，它包括书本知识、社会知识和实践经验；“技能”才是人们对已有知识、经验加以实践、运用，形成真正属于自身的本领；

“悟性”更是人们对知识、技能的升华，是在掌握基本技能的基础上，苦思、磨练、得真知、形成属于自己的前瞻思考和独到决断。其实，知识、技能和悟性之间是一种梯级递进关系，知识的上位是技能，技能的上位是悟性。也就是说，一个人仅有书本知识，从小学到大学，成绩优异，博士毕业，如不融入社会，嫁接实践，积累经验，化作技能，也只能是一介“书生”。而有的人与校门无缘，或学历较浅，但在“社会大学”尝尽人间甘苦冷暖，自会找到自己的立足之地，如若在实践中锲而不舍，不唯书、不唯上、不唯习惯、不唯圣贤，只唯实，独立思考，就会找到成功的法宝。

就莫言而言，没有接受过多少系统的应试教育，读的是没有围墙的“社会大学”，在这所大学里与饥饿、屈辱、孤独、自卑为伴，也正是这一独特的坎坷经历和艰辛童年，成就了他无尽的创作源泉。有人说，也正因为他没有接受过正规的大学教育，他脑子里较少有理论的条条框框，写作起来可以不受这些理论的束缚，因而更容易表现出创新精神和独特个性，走出一条自己的路子来。也有人说，如果莫言按照常规，上完了小学、初中、高中，我们这一套标准化的教学模式、考试模式，会让他的灵性和个性受到禁锢，甚至扼杀。有人进而断言，正是莫言没能有一个完整的上学经历，才让他获得了诺贝尔文学奖。当然，这都仅仅是一家之言，但也不无道理。

说到这里，必须澄清四个误区：一是“知识无用论”。此观点认为，既然“技能”与“悟性”重要，知识多少无所谓，朱元璋一讨饭娃照样当皇帝。其实，这纯属误解，知识是人类实践活动智慧的结晶，是人类进步的阶梯，是金字塔的塔基，是获取技能的前提，是造就灵魂的工具。无数成功者之所以成功，其中一个重要前提是充足的知识储备，尽管有的来自书本，有的来自社会，有的来自自身实践经验积累。史料记载，朱元璋生于1328年10月21日，濠州钟离人（今安徽凤阳东北），自幼贫寒，父母兄长均死于瘟疫，孤苦无依，入皇觉寺为僧，月余外游讨饭，历3年复返该寺，25岁时参加郭子兴领导的红巾军，抗击蒙元暴政，后建明朝，并成就“洪武之治”。幼年朱元璋只是在寺中学了点文字，虽无系统读书的机会，但外游讨饭3年，吃百家饭，穿千家衣，遍尝人间疾苦、世态炎凉，他读的是无字之书，有人说，阅历是一部无字大书，他确实从中学到并积累了超乎寻常知识与经验，为日后的征战、称帝、治国打下了坚实的基础。对此绝不鼓励效仿，今天能有校园学习的机会乃人生大幸，潜身学府、“象牙塔”，集中汲取人类智慧的营养，学富五车，勇于实践，敢闯敢试，投身社会，厚积薄发，很少不是社会栋梁。古今中外，典型事例不胜枚举。可怕的是志大学浅，自命不凡，好高骛远；或自我封闭，畏首畏尾，拒绝实践；或井底观天，浅尝辄止，小成即满，等等。2013年6月，媒体报道，一名理科男主动辞去舒适的白领工作后，在上海松江大学城卖烤猪蹄，引发了各方热议，主流观点认为，大学毕业生做“猪蹄哥”，创业走低端路线，从“柴米油盐”起步，恰恰抓住了创业的核心要义：“第一分钱”比“第一桶金”更重要。二是“自然过渡论”。认为“知识”、“技能”和“悟性”依次递进，似电脑程序，可自然生成。其实，这是极天真的想法，三者递进是一个由量变到质变、飞跃提升的漫长过程，没有充足的知识和经验积累，就很难获得技能，《卖油翁》故事恰巧诠释了其中的道理。从技能到悟性的升华更是艰难，似破茧为蛾，没有沉寂的煎熬、艰辛的历练、不懈的拼搏、精心的揣摩、机遇的耦合、灵感的闪烁，很难实现，可谓“吃一堑，长一智”。泰戈尔说过：“谁一生中没有当过傻瓜，谁就不会成为聪明人”。三是“知者优先论”。认为谁知道了“知识、技能、悟性”三者的递进关系，谁就获得了成功的法宝。诚然，知道这些，对观察他人得失成败和引导自身的行为是有裨益的，但一个人的成败是由主客观多重因素促成的，其中还有一个时机问题。譬如说，一个人已步入老年，他早年光阴虚度，好逸恶劳，或机遇多多，白白错过，即使年老发奋，“老骥伏枥，志在千里”，也难成大器。倒是少年、青年、中年时期，早知其中道理，避开弯路，只争朝夕，或可走出人生的美丽。四是“聪明即悟性论”。其实，“聪明”多指人智力发达，记忆和理解能力强等，一个人很聪明，可以作为产生悟性的良好基础，但不能以为聪明就是悟性。如前所述，悟性是在知识、技能基础上的提升，是一种带有长期性的苦思冥想的劳动而达到的人生境界，它可以使人的生活道路更富逻辑性和前瞻性，“十字路口”更清醒，迈出步伐更沉稳和坚定，即使受到这样那样的打击或挫折，也能保持清醒的头脑和坚定不移的意志，为最后的目标耐得住寂寞、受得了委屈。

四

在愈演愈烈的片面追求升学率、高学分浪潮驱动下，学生的课业负担愈来愈重，相当多的学子在漫漫的灌输和超负荷重压下，消化不良，死记硬背，一知半解，心绪压抑凄苦，即使较优的学生也学得被动、艰苦，疲于应付各种作业、考试、竞赛、评定。在这令人压抑的氛围中，孩子的学习状态问题一直是家长，乃至整个社会关注的焦点，探讨的重点。在这种情况下，提倡快乐教育，注意减轻学生过重负担，加强教学的趣味性，调动他们的学习积极性，以便于由被动转为主动，真正成为教学的主体，学习的主人，教学变得活泼生动，这对深化教育改革，培养时代需要的具有创造性和进取精神的人才，无疑有重大意义。

学习，就其状态，可分为厌学、苦学、乐学三重境界。一般认为，“厌学”是指学生在主观上对学校学习失去兴趣，产生厌倦情绪和冷漠态度，并在客观上明显表现出来的行为。轻者，厌学的孩子对上学不感兴趣，但迫于家庭或外界压力又不得不走进学校。在校学习消极，效率低下，烦躁不安，多思多虑，容易发怒，注意力不集中，甚至看着什么都不顺眼，对自己和别人都感到厌烦，每天如生活在水深火热之中。重者，当觉得自己无论如何再也学不下去的时候，当他觉得学习简直是一种折磨的时候，他就可能会从心底产生对学习的厌恶情绪，最终可能会选择退学、离家出走等极端行为，还可能诱发、加重、恶化种种心理疾病，酿成悲剧。“苦学”，这里特指那种对学习虽不排斥，但感到痛苦，身心疲惫的状态。“乐学”是指乐在其中的一种学习境界。学而投入、陶醉，学有所用，学有所悟，学有所乐。由上可知，“厌学”是没人愿意面对的，“苦学”是令人身心疲惫的，“乐学”是人人称谓的。而目前的现实是，“厌学”已是一个社会问题，无数家庭谈“厌”色变，“苦学”者还在日夜苦战，“乐学”者屈指可算。原因何在？

常识告诉我们，人的状态，特别是少年儿童的状态是很感性的，容易受外界主客观因素影响，可塑性较强，“厌学”、“苦学”和“乐学”并不是一成不变的，而是可变可调的。同时三者之间又有其隐蔽性，有时仅从表象判断往往会犯错误，比如人们习惯于从学习成绩看学生的状态好坏，实则不然，学习成绩好坏与状态好坏并不是对等的，有时甚至相反，也就是说，一个学生成绩优异，一般是“乐学”的，但也确有一些正处于“苦学”或“厌学”的状态，而有的学生虽然一时学习成绩一般化或较差，但都不一定不在“乐学”状态。所以说，一个学生的状态是动态的，发展变化的，老师和家长要积极面对，细心观察，正确“把脉”，对症下药，随时调理，切莫掉以轻心。

至于当年莫言处于什么学习状态，笔者不便妄加推测，但他一些读书的故事倒是在而今学生中难得一见的。莫言 12 岁辍学后，就没有多少看书的时间了，天天在家里劳动，但他对学习的渴望愈加强烈，平时不管体力劳动多累，看到好书中午都不休息，晚上也看，当时没有电灯，用火油灯。那个年代火油很缺，要用火油票换，总是不够用。刮大风、下大雨不能下地干活时，就躲在家中的一个磨坊里看书，翻来覆去地看。那时候书非常少，一个村子里有几本书了如指掌。莫言二哥管谟欣回忆说，有一次，他借了一本《破晓记》，藏在猪圈棚子的顶上，被莫言找到了，偷偷拿下来看，一不小心碰了一个马蜂窝，脸都被蛰肿了，眼睛只剩两条缝。为了看书，莫言想尽一切办法，拿着自己仅有的几本书去跟别人交换，别人不感兴趣就帮他们干活，换来阅读人家藏书的权利，后来附近十几个村都看完了，实在没书看了，就看《新华字典》等等。

毋庸讳言，目前学生“厌学”问题正在引起整个社会的广泛关注，已敲响了中国教育的警钟，对其种种表象，种种危害，不胜枚举，大家心知肚明，不再赘言。这里仅从其成因谈起。

“厌学”问题不是偶然的，它是由主客观多重原因造成的。

第一，来自家庭方面的原因。人们常说，父母是孩子的第一任老师，家庭是孩子的第一课堂。可怜天下父母心，谁不望子成龙？但现实中往往是好心办坏事，在孩子成才的道路上套上种种枷锁，设置重重障碍，甚至许多家长，完全丢弃鲁迅告诫的“长者须是指导者”，将自己无力实现的“理想”，加到孩子身上，按照自己的想法塑造孩子，施以压力，致使他们在无以承受中走向迷途。一是忽视孩子的自我发现、自我实现和个性的充分发展，按自己的意愿过早地为孩子规划人生，设定目标，提出不切实际的要求，使孩子过早地承受不该承受的压力，反而造成厌倦、排斥心理，丧失应有的进取心和学习动力。二是恨铁不成钢，不顾孩子的潜质和兴趣爱好，把时间安排得满满当当，只注重孩子分数，不注意综合素养的同步提升，压得孩子喘不过气来，反而造成逆反心理，感到学习是痛苦的。三是忽视孩子的效仿天性。家庭中没有一个健康向上的氛围，一味要求孩子学这学那，自己却不学无术，甚至有种种不良嗜好，长此以往，潜移默化，势必造成负面影响。四是家庭暴力、婚变、犯罪等问题。生活在这样的家庭里，孩子会心事重重，缺乏安全感，产生叛逆心理。五是对孩子过于溺爱，不注意培养孩子的吃苦精神和良好的学习、生活习惯，好逸恶劳，不思进取，等等。

第二，来自学校方面的原因。一是教育目的功利化，受升学率的驱使，一味追求分数、排名，忽视素质教育，大搞题海战术，学生不堪重负，重者诱发种种身心疾患。二是教育内容格式化，不能充分挖掘天性和潜质，有效培养个性和特长，学生只是被动应付，造成心理排斥。三是教育手段陈旧化，一些老师教学理念落后，习惯于“填鸭式”、“满堂灌”，课堂单调、刻板，缺乏互动、交流，造成学习气氛压抑，学生产生厌倦情绪。2011 年 11 月 10 日《都市快报》称，安徽省某小学六年级学生小梦和周周，放学后，在同学莹莹和朱朱的注视下，在教室服下剧毒农药敌敌畏，后因抢救及时脱险。两人喝药之前，在黑板上写下遗言，周周写：“如果我死了，就怪数学老师，请警察叔叔将她抓走。”，小梦写：“我好累，她们却不理解我，不想活了。”原因是班主任数学老师按学习成绩排座位，还在校外私自办补习班收费。这位老师称自己教学压力大，每年的优秀评定都跟教学成绩挂钩。四是教育环境恶劣化，有的学校实行封闭式管理，规章制度过于严苛，也有的学校纪律过于松弛，风气不正，对学生的心理都会造成不良影响。五是教育态度歧视化。

第三，社会原因。一是社会价值评价体系过于单一。受长期官本位思想的影响，加之改革开放以来，重商主义膨胀，评价一个人成功与否的标准偏重在钱、权和地位上，而实现的路径多看重应试教育，这无疑会影响到个人的行为选择，渗透到我们的教育体系中，消耗的是人们的创造力和探索精神，大家不由自主地选择更加稳妥、更容易“成功”的方式，不敢去尝试“其他的路”。如有孩子像莫言那样在小学就辍学，对家庭简直是灭顶之灾，孩子本人将被视为社会的弃儿。二是教育体制存有种种弊病，亟待改革。如国家财政对教育投入虽然不断提升，但与发达国家相比还较低，教育资源分配不均衡，考核评估不科学，过于单一，素质教育纸上谈兵，考核不够刚性，对影响孩子成长的黄赌毒打击不力，网络管理不规范，等等。三是社会整体学习氛围不浓。我国有爱书学习的优良传统，古人嗜书如命，“读书随处净土，闭户即是深山”，明朝于谦《观书》诗云：“书卷多情似故人，晨昏忧乐每相亲；眼前直下三千字，胸次全无一点尘。”资料显示，以色列是个资源匮乏、成立较晚的小国，不仅大半国土是沙漠和荒山，而且还长期面临着与周边国家敌对的外部环境。然而，由于坚持走科技强国之路，短短半个世纪以来，在联合国《人类发展报告》中，已名列“世界最具竞争力国家”的前20位。之所以如此，既得益于政府重视发展教育，也得益于其公民热爱读书学习。在以犹太人为主的以色列，14岁以上的人平均每月阅读一本书，人均读书量高居世界各国之首。

第四，学生自身原因。一是有身心疾患不能正确对待，自闭、自卑、自弃。二是认识偏颇，受读书无用论的不良影响，排斥学校教育。三是染上“网瘾”等不良习气，注意力转移。四是自恃家庭条件优越，将来衣食无忧，缺乏学习的兴趣和动力。五是经不住种种诱惑，期盼早早步入社会，过“无拘无束”的生活。六是对体育、音乐等有强烈偏好，或有其他爱好，学校不能满足其需要，逃避、蔑视学校教育。

至于“苦学”，可分为以下几种情况：一是学无目标，缺乏动力，意志脆弱，“当一天和尚撞一天钟”，心存侥幸，苦干苦盼；二是学习习惯欠佳，方法不当，效果较差，而又不服输，苦撑苦学；三是预设不切实际的人生目标，急功近利，期盼立竿见影，屡屡碰壁，苦熬苦拼；四是所学与志趣向左，而又暂无力扭转，苦跟苦练。

“乐学”就是充分调动社会、家长、学校、师生等多方面的积极性，营造浓厚的学习氛围，培养良好的学习习惯，端正健康的学习态度，获得学会会学的心理体验。从心理学角度看，快乐与刻苦是两个范畴，快乐与痛苦对立，刻苦与懒惰对立。快乐与痛苦是一种心理情感体验，而刻苦与懒惰是一种心理意志体验、行为态度的反映。因此，快乐教育与刻苦学习是相一致的，引导学生以苦为乐，“书山有路勤为径，学海无涯苦作舟”。对于这点，许多家长是误读了。从哲学角度看，苦与乐是一个过程的不同阶段，快乐教育是就教育目标提出和实现而言，而刻苦学习是就教育的过程或目标的实现方式途径而言，两者是统一的。学生所付出的辛苦越多，目标实现时候就越快乐。再从教育学的角度看，每名学生各有个体差异和不同的学习需求，教育的真谛是立足个体差异和不同需求，同教无类，因材施教，保护受教育者的好奇心、求知欲，激发他们的主动意识和进取精神，而传统教育重接受轻探究、重认识轻体验、重结果轻过程，是被动、封闭接受性的，于此背道而驰，必须扭转，回归教育的真谛，真正使作为学习和发展的主体的学生，不是书本的奴隶，不是老师的“应声虫”，而是有个性、生动活泼、充满生命活力的独特个体。

归结起来，可以看出，孩子的学习状态好坏，政府、学校、家长责无旁贷。“十年树木，百年树人”，关键是认清各自该干啥，怎么干。眼下，一味责难、埋怨无济于事，必须痛定思痛，谋求扭转、谋求改变。卢梭提倡“尊重儿童，不要急于对他们作出好坏的评判”，著名教育家苏霍姆林斯基一再提醒，在影响学生的内心世界时，不应挫伤他们心灵中最敏感的一个角落——自尊心。英国杰出的思想家斯宾塞说：“硬塞知识的办法经常引起人对书籍的厌恶，这样就无法使人得到合理的教育所培养的那种自学能力，反而会使这种能力不断地退步。”前苏联教育家斯卡特曾说：“教师要用自己全部力量来把教学工作由学生沉重的负担变成欢乐鼓舞和全面发展的源泉。”我国著名教育家陶行知说，只有不会教的老师，没有教不好的学生。如果让教的法子自然根据学的法子，那时先生就费力少而成功多，学生一方面也就能够乐学了。而莫言的成功给我们的启示是：要保护、培养孩子的读书兴趣和读书习惯，宽容、包容、尊重孩子的好奇心、偏好和个性，发现、挖掘、张扬孩子的亮点和长处，给孩子更多的自由成长的时间和空间，更多的自我塑造的机会和自主权。

躺着中彩

2007 年一侯姓工程师花 1000 元随意注册了“莫言醉”商标，莫言获得诺贝尔文学奖后，2012 年 10 月该商标迅速被炒至 1000 万元，有人说他躺着中彩。

媒体披露，2007年北京一山东籍侯姓工程师，闲暇与朋友畅饮，诗兴大发，吟打油诗云：“酒逢知己千杯少，好友相逢莫言醉。”朋友感叹，“这是个好酒名儿啊！赶快注册个商标。”侯先生花了1000元钱到中国国家工商总局商标局注册“莫言醉”商标，并通过审查。2012年莫言获得诺贝尔文学奖后，“莫言醉”商标备受商家青睐，截至2012年10月，就被热炒到1000万元。对此有人提出质疑，更有人大加赞许。在市场经济条件下，商家都在苦苦寻觅商机，“三流企业卖产品，二流企业卖品牌，一流企业卖文化”，商家看重的就是“莫言醉”背后的故事和传奇，特别是对竞争异常激烈的酒类企业，如果以产品质量、酿造工艺、文化积淀为基础，巧借莫言的人气、电影《红高粱》的豪气，“莫言醉”的运气，精心塑造和运作，预计会开发出巨大的商机。退一步，敢花巨资购买这一商标就展示了自身的实力，本身就收到了额外的广告效益。

中国数千年重农轻商，解放后又长期“以阶级斗争为纲”，而近30多年来“改革开放，以经济建设为中心”，又走到另一个极端，重商主义盛行，名人效应放大。各行商家挖空心思，傍名人、认祖宗，仅凭刘三姐一个传说中的人物，桂林拉出了一个产业链条，引得四方惊叹。“刘文彩臭豆腐”也能卖个好价钱。莫言，一个实实在在的人物，虽然不是文学的领袖，不是文学的圣人，人所具有的他都具有，包括缺点，但他获了中国本土第一个诺贝尔文学奖，他释放了太多人的情结，他引起太多人的关注，他凝结了太多的人气，这就是商机。可以说，自获奖之日他已经不仅仅是学者或者说文化人的莫言，他已成为公众人物，属于所有人，当然也属于“商人”。莫言被消费，且各取所需，是一个不可回避、不可避免的正常现象。一个文化人物的被“消费”，不是圈内人的特权，就像做东坡肉、卖东坡肉、吃东坡肉的，并不是非诗人、词人、文化人不可一样。再比如，2013年3月，彭丽媛第一次随国家主席习近平出访，聚集了全世界的目光，她的着装很快成了社会流行的时尚，躺着中彩的恐怕是服装商。从这个意义上讲，因为莫言中奖，“莫言醉”躺着中彩很正常，其实，躺着中彩的还有中国政府、高密东北乡、出版商……

一

前西德总理赫尔穆特·施密特曾经感叹：一个最大的奇迹是人类历史上很多古老文明如今都不同程度地消亡了，而中国悠久的文明在经历了3个世纪或更长一点时间的衰落后，突然在1978年之后又爆发了活力、智力和想象力，而且令人惊异地有效。是的，中国确实有5000年古老而又不间断的文明，在这一文明长河中，有过辉煌与耻辱，有过封闭与开放。自20世纪80年代，中国总结历史的经验教训，审时度势，大力推行改革开放政策，不断融入国际社会，并在国际激烈竞争中争得一席之地。时至今天，伴随着经济全球化的拓展，文化日益成为衡量一个国家综合国力的重要因素，国际间的竞争，日益演化为心灵之间的竞争、文化之间的较量、精神家园的争夺。一个能立于世界民族之林的强国，必然是一个文化强国。作为一个具有悠久文明和历史的国家，中国已经是一个文化强国，继承和延续传统的优秀文化和文明，在经济建设的同时，向全世界展示一个经济繁荣、文化优雅的中国则是长远发展的必要策略。西方发达国家也日益将文化提升为进行全球经济、政治和军事扩张的重要手段，积极行动，大胆地把文化战略的研究同世界格局、国际形势的变化结合起来，提出一些文化战略理论，如“后殖民主义论”、“历史终结论”、“文明冲突论”等，以期为新时期提供谋求霸权的工具。可以说，文化战略作为国家战略的重要组成部分，已经成为西方国家领导世界的一个重要方面。对此，我们更要充分警惕，增强文化安全意识，防范西方发达国家的意识形态和价值观渗透，力争在这场无硝烟的文化战争中固守自己的阵地，避免成为“文化帝国主义”的附庸。中共十六大之后，文化体制改革从点到面逐步铺开，文化发展的宏观体制环境不断优化，文化发展的新格局初步形成，文化企事业单位的活力显著增强，文化创作和文化市场空前繁荣，全社会参与文化建设的积极性日益高涨。当中国文化以一种谦逊、包容的形象出现在世人面前时，立即受到了西方民众的欢迎，特别是2008年北京奥运会开幕式上史诗般的中国文化展示，更是让世界领略了中国文化刚健有为、天人合一、中道和谐的精神实质。在世界新兴产业中，文化产业已经日渐处于主导地位。我们的文化要大发展、大繁荣，我们需要将流失的文化“引回来”，我们倡导中华文化“走出去”，壮大、传承、创新中国文化，提升本民族文化的自信力，让世界承认和了解中国文化的力量。同时，一个国家的文化强大和富足，才能使这个国家的人民在精神上产生一种自豪和自信，才能在世界历史的长河中竖起一座民族精神的丰碑。在这一大的背景下，中国一直渴望用诺贝尔奖证明自己在世界上的新地位。正可谓“好雨知时节”，在中共十八大前夕，诺贝尔文学奖适时而至，可谓锦上添花，意外之喜。时任中共宣传工作的政治局常委李长春，于2012年诺贝尔文学奖宣布的当天就致信中国作家协会，对莫言获得诺贝尔文学奖表示祝贺。他在贺信中说，随着我国改革开放和现代化建设的迅猛发展，中国文学迸发出巨大的创造活力，广大中国作家植根于人民生活和民族传统的深厚土壤，创作出一大批具有中国特色、中国风格、中国气派的优秀作品。莫言就是其中的杰出代表。莫言获得诺贝尔文学奖，既是中国文学繁荣进步的体现，也是我国综合国力和国际影响力不断提升的体现。他希望广大作家坚持以人民为中心的创作导向，贴近实际、贴近生活、贴近群众，创作出更多无愧于历史、无愧于时代、无愧于人民的优秀作品，为中华文化繁荣发展，为人类文明进步作出新的更大贡献。

二

山东是中国经济文化大省，也是强省，而莫言所在的潍坊市又处于全省的第一方阵，“文化搭台，经济唱戏”早已轻车熟路。比如潍坊风筝节、寿光大棚菜等搞得红红火火，声名远扬，他们绝不会忽略“高密的红高粱”。高密是在全国百强县排名中位列74名的县级市，地理位置并不优越，要山没山、要水没水，要资源没资源，搞旅游也不行，发展一时遇到“瓶颈”，正急于挖掘、培植新的经济增长点，电影《红高粱》的拍摄，莫言的走红，让高密人看到了商机。尽管高密现在很少有人种红高粱了，即便在地势低洼的“东北乡”，这种耐涝作物也已被玉米等作物取代。“红高粱”这个词，更多的是以乡土意义的符号存在。怎样运作好这个“符号”，一时没有找到最佳结合点。其间，曾有人建议在东北乡搞红高粱旅游项目，按照电影《红高粱》和小说里的场景，发动村民种上一片高粱地，造几个酒坊，摆放一些高密的特产，吸引游客，但最终没有付诸实施。形成强烈反差的是，一提红高粱都知道，一提高密都不知道。高密人在尴尬中开始重新审视高密的民间文化底蕴，深感本来拥有许多宝贝，但恰恰没有认识到宝贝的价值。“红高粱”不是送上门来的金字招牌吗！潍坊市委宣传部、高密市政府精心运作，2010年9月26日，首届中国（高密）红高粱文化节在高密文体公园中心广场隆重举行。中国作家协会主席铁凝，山东作协主席张炜（茅盾文学奖得主），高密籍著名作家莫言，潍坊市、高密市相关领导出席。2012年莫言荣获诺贝尔文学奖，这对红高粱文化节是个意外红利，或者说是又一个“躺着中奖”。2012年10月29日上午9时，第三届中国（高密）红高粱文化节隆重开幕。文化节共设置23项活动，包括开幕式、大型文艺晚会、高密民间文艺团体大展演、中国（高密）毛绒玩具展销会、中国奇石玉器展、中国婚纱服装展、高密十佳炉包技艺大赛、晏子文化园奠基仪式、《丹青高密》当代中国画名家精品展、向家人回报·官天一摄影作品回顾展、回老家定居·高密扑灰年画珍品展、高密民间艺术精品展、新锐四人行书画作品展、中国雕塑大师傅绍相、蔡杰《高密农时四季》陶艺展等。高密剪纸老艺人范祚信没有上过一天学，却在高密馥郁的民间艺术土壤滋养下，成为剪纸大师。根据小时候听评书、听故事了解到的水浒一百单八将性格、外貌特征，剪出的作品充分表现了水浒好汉的性格特征。经过两年的品牌推介后，高密市期待从红高粱文化节上看到点经济效益，特首次开辟招商引资项目签约平台，进而办成“囊括一切的重大活动”。当然，最大的看点还是莫言，开幕式上，莫言如约到场，借着诺贝尔文学奖的东风，第三届红高粱文化节成为历届以来最火爆的一次，到场的观众也创下了历史最高纪录。莫言的发言更将开幕式推向高潮，不时被观众的掌声打断，“我过去是、现在是、将来都是一个会写小说的农民，都是高密的父老乡亲们的一个不太称职的儿子。”“我希望我们高密的父老乡亲借这个机会认真的观摩、认真的学习，领略一下我们高密土地之外的很多杰出的创作，开拓我们的眼界，提高我们的文化品位。”在致辞中，莫言也谈到的红高粱文化节的出现，不是因为他的缘故，“我说这是一个严重的错误，因为在莫言写小说之前，我们高密人民种植红高粱已经千百年，我写小说，是继承了高密的文化……我写《红高粱》是因为高密有过一眼望不到边的红高粱。”他也许是自谦，实际逻辑是：高密一红高粱一莫言与电影《红高粱》一潍坊（高密）红高粱文化节。高密一望无际的红高粱正是莫言创作的源泉。高粱，又名蜀黍，禾谷类作物之一，已有 5000 多年的历史。高粱不但是人类的食粮，还能酿酒，其秸秆是修缮房屋的原料，也是牲畜的饲料。红高粱生于涝碱地，旱点也能生长，生命力顽强，这种特性也培养了很多高密人坚韧、朴实、率直的性格。与那些生活在森林、山地、草原和都市的居民相比，高粱地里长大的人，肯定不一样。历史上，这片广阔的高粱地，为无数英雄好汉、仁人志士提供了宏大的舞台，也围绕红高粱产生好多故事和传说，莫言更给红高粱赋予了生命，也正是莫言作品《红高粱家族》

和张艺谋改编的电影《红高粱》注入了灵魂，高密红高粱名扬天下，才有了红高粱文化节的诞生。莫言获奖带来的人气，更使文化节如虎添翼，当地政府正计划把宁静古朴的高密打造成红高粱文化旅游区，同青岛等黄金旅游线路连为一体。旅游区包括“莫言旧居”周围的莫言文化体验区、红高粱文化休闲区、红高粱影视作品展示区、胶河沿岸景观带以及乡村度假区和爱国主义教育基地等，需求就是商机，许多商家纷至沓来，洽谈投资，协作共赢，政府、商家、村民、游客皆大欢喜，“一切尽在莫言中！”山东省旅游规划设计研究院陈国忠就认为，高密红高粱“该种”。国内著名旅游景点婺源就是靠遍地油菜花“一月赚一年”，高密同样可以做到。当地应考虑规划打造一处莫言笔下的“东北乡田园”。“如果胶河两岸种上一片红高粱，其传递的辽阔、苍凉之美，很能震撼人心。”经过几番文学作品和电影渲染的高密红高粱，如今早已不单纯是一种植物、一片高粱地，而是一种文化。人们应该走出“红高粱”这个具体的物质概念，通过这个符号，走进真实的“高密东北乡”，去体味莫言“文学地理”中区域居民的“高粱精神”。高密完全可以借助社会力量搞“民俗生态旅游区”，将种植红高粱作为一种资源，“莫言热就是一个事件旅游，抓住就是一种很好的旅游资源。”2013 年 5 月，高密市文化管理办公室与山东永平再生资源有限公司合作，在莫言旧居设立了“莫言旧居服务办公室”，具体负责旧居的服务、管理和保护工作，同时引入市场机制，对旧居的旅游资源进行综合开发，规划建设莫言书屋、东北乡文化体验区、休闲度假码头等，还计划打造一系列主题院落，例如炉包铺子、草鞋店子等，以满足游客来“高密东北乡”的吃住游玩的不同需求，充分感受别样的文化特色。

莫言说过，少去他的家乡，去了会失望的。毕竟莫言的“高密东北乡”，不仅仅是他地理意义上的家乡，更是他几十年来在文学创作道路上一直苦心构筑的文学故乡，这个“故乡”是历史与现实的叠加、浓缩、演义和穿越。现在的高密有了太多的工业社会的浓厚气息，但已没了那一望无际的红高粱，不见那胶河的清澈波浪，少有那野鸭的飞翔，更不见风起云涌的抗日战场。真正要做的还是不断丰富高密的内涵，固化并弘扬莫言带来的精神财富，营造美丽多彩的精神家园。高密人已经意识到这一点，并一点点地干。原莫言文学馆在高密一中内，是两层小楼，展览面积也就1000平方米左右。莫言获奖后，来莫言文学馆的人倍增，当地政府决定扩建纪念馆，大力弘扬莫言的文学精神。高密市别出心裁，还与邮政部门联手推出莫言获诺贝尔文学奖邮戳，嵌以莫言肖像和诺贝尔文学奖金牌的正反两面的图案，并有莫言的手书。现在，到了高密，一提起莫言，许多人都能津津乐道，对莫言成长中睿智幽默的轶事趣闻，如数家珍："童年时的莫言家境窘困，生活艰辛，而正是这种逆境中诞生和成长的生活经历，锻就了他迥异顽皮的早期个性。""他十分贪玩且酷爱读书，为此经常因忘记老人吩咐的家事农活而遭痛斥责骂。""有一次父亲为他忘记担水训斥了他，第二天他便赌气早起，摸黑担了十几趟，把家中的锅碗瓢盆倒了个水满四溢，且摆了满满一场地，晨起的父亲看到此景哭笑不得，喜也不行怒也不对，只能哑口无言……"等等，这才是高密的软财富。多介绍莫言的成长道路，宣传莫言的文学成就及精神追求，"读莫言作品，学莫言做人"也许更有意义。因为莫言的获奖，象征着一个叫"高密东北乡"的地方，已经事实上成为中国文学的一块圣地，莫言从中汲取了灵感和营养，变成文学上的才华，溢出一部又一部的佳作，无法想象，在他的带动下，高密东北乡今后还会溢出多么绚丽的华章！

三

莫言获得诺贝尔文学奖的消息令文艺界沸腾，更让闻风而动的资本市场媒体股冲动。2012年10月12日，文化传媒板块领涨中国两大股市，新华传媒、出版传媒、长江传媒、奥飞动漫等相关个股大面积开盘涨停，整个板块盘中涨幅一度高达 4%，整个教育传媒板块涨幅 0.99%。其实，早在莫言获奖传言漫天飞的时候，新华传媒因被业界解读为与之关联最为密切而被认定为“莫言概念股”代表，各路资金随即轮番进入，公司股价一连 3 天上涨，3 个交易日内累计涨幅超过 9%。据了解，早在 2011 年，新华传媒曾与上海文艺出版集团签约共同打造数字出版产业，拥有莫言相对完整的作品出版权，这次以莫言获奖为契机，紧急加印了“莫言作品系列”16 卷，这部系列囊括了莫言迄今为止全部小说作品，这套作品系列刚刚投放市场 20 万套，仅在莫言获奖的3天后就预订出10万余套，从标价看，11部长篇小说，码洋合计为 410 元，中篇小说集码洋为 33 元，短篇小说集码洋为 38 元。这意味着，这套莫言作品，每套码洋为 481 元，按加印 20 万元套计算，码洋总额为 9620 万元。而真正躺着中彩的是北京精典博维文化发展有限公司（以下简称精典博维），这家公司于 2012 年 5 月与莫言签署了全版权合作协议，成为莫言作品在中国内地的唯一授权出版方，还拥有莫言作品进行影视、戏剧改编及数字出版的延伸权。2012 年 8 月 24 日，该公司在微博上捕捉到两家全球顶尖博彩公司开出的赔率，英国博彩公司 Ladbrokes 发布诺贝尔文学奖赔率表，日本作家村上春树以 1 赔 10 名列榜首，莫言首次入榜便以 1 赔 12 紧随其后。而在另一西方著名博彩公司 Unibet 的赔率表中，莫言则以 1 赔 6.5 的低赔率超越 1 赔 8 的村上春树，位居榜首。一个作家在赔率表上排名越靠前、赔率越低，就意味着博彩公司认为其斩获诺贝尔文学奖的可能性越大。复旦大学教授陈思和认为，赔率表可能是博彩公司根据欧洲的作品流通情况制定的，这说明入榜作家的作品最近被欧洲主流语言翻译得较多，或是欧洲主流出版社近期在推他们的作品。经验表明，中国作家从未有过如此靠前的赔率，这可是一个难得的商机。精典博维当天就打出市场运作第一张牌，在豆瓣网发起一项“诺贝尔文学奖，你看好谁”的投票活动，探探公众的反应。他们深知，中国人有着浓厚的诺贝尔奖情结，觉得中国现在是一个大国了，需要诺贝尔奖这样的权威奖项来证明自己的文化实力。只要公众一天放不下“中国人距离诺贝尔奖还有多远”这个“包袱”，不管莫言得不得奖，只要成为热点，谁做谁火。精典博维趁热打铁，在发起投票的同时，迅速起草了一篇数千字的新闻通稿，里面除了有莫言成为诺贝尔文学奖大热门的消息外，还穿插编排了一系列与诺贝尔文学奖相关的故事。他们通过自己的渠道，以最快的效率将通稿发给了全国多家媒体。距离诺贝尔文学奖揭晓还有一个月，类似于“诺贝尔文学奖出炉，中国作家莫言高居榜首”这类新闻就成为国内舆情热点。当然，精典博维作为莫言的签约公司，也一次次被提及，他们便借机发布公司将要发行《莫言全集》和莫言最新剧作《我们的荆轲》的消息。《莫言全集》共 20 本，含 11 部长篇小说，其余部分由 2 部中篇小说、3 部短篇小说集及散文、文论和剧作等构成。北京时间 2012 年 10 月 11 日晚 7 点，莫言获奖资讯如约而至，精典博维迅速成了媒体的焦点，12 日，计划中的媒体发布会在早已租好的公司所在地德胜国际中心大会议室召开，公司终于迎来的“收获”的黄金季节，“我们签的这个作家，居然获得了诺贝尔文学奖，你想想这个意味着什么，就相当于经纪公司签的电影明星获得了奥斯卡奖一样。”由于精典博维与莫言是全版权合作，莫言获奖后，已有 20 余家公司与其洽谈影视版权开发；10 余家大型电信、网络运营商前来洽购莫言作品电子版权。他们当然掌握主动权，可以在充分权衡的前提下考虑采用哪种形式来开发电子版权。或者卖给大的平台运营商，或者通过读者下载来分成，或者自己做一个平台，等等。

莫言获奖这杯羹不会让精典博维独享。莫言的获奖效应在中国文坛震荡、绵延，无数涟漪将扩散至创作、出版、研究、翻译、交流等方方面面，并波及中国社会的各类非文字领域。据媒体报道，莫言获奖后 60 天，仅当当网莫言作品的总销量就突破 2000 万码洋，其中，莫言的最新小说作品《蛙》销售了 80 余万册。国麦文化传媒总编辑瞿洪斌在微博上称，莫言获诺贝尔文学奖有双亿效应：《莫言全集》将为中国出版社带来过亿码洋的销售额；莫言的全球版税在 2013 年应能突破亿元，并毫无悬念地荣登中国作家富豪榜首位。北大文化产业研究院陈少峰表示，在出版业逐渐萎缩的现状下，莫言此次获奖将提振行业发展信心。此前，文学评论家谢有顺曾经表示，在中国当下，大部分畅销书是没有文学价值的，有一些仅有负面价值，严重误导大众。文学评论家朱大可也表示，目前有一种状况，市场标准取代了文学标准，精英作家和汉语整体水准都在下降。而相比严肃文学，网络文学、青春文学渐成出版商的宠儿，安妮宝贝、郭敬明、韩寒新书一出版，动辄发行过百万册也不是虚传。而有些知名度不高的作家，即使著作有幸被出版商看中出版，销量也极其有限，出版后多年卖不出几千本的大有人在。在这样的情况下，很多出版商将转变公司定位，更多聚焦于畅销书的出版上。对于习惯于文学作品销量超过 2 万册就可被称为文学畅销书的中国出版界来说，诺奖的魔力和号召力是可望而不可即的。一面是《丰乳肥臀》、《生死疲劳》、《檀香刑》、《蛙》等莫言作品备受优待，另一面是中国严肃文学圈找不到与之伯仲的作品，或者说即便有也会遭受读者的冷遇。资料显示，中国当代文学的产量非常可观，俄罗斯年产长篇小说 1500 部，法国 700 部，日本 400 部。新中国成立初期年产 400 部，而现在每年有 3000 部长篇小说实体书出版。其实，当代文学不缺数量也不缺人才，莫言的获奖让人看到，中国当代文学的质量也不差，真正的危机在于整个社会的“反阅读”行为，作家的走红完全赶不上娱乐明星。

我们必须看到，莫言获奖，提高了中文文学的知名度和影响力，或许能让更多的出版商认识到做主流文学、纯文学也有巨大市场前景。主流文学或者说纯文学的价值，已经被诺贝尔文学奖提升到了国民参与的高度，其影响应该是持续的。但真正形成文学的大市场，道路还很漫长。

四

作为一个全球最有影响力的文学奖项，诺贝尔文学奖的专业性和权威性是举世公认的，我们以前也曾欢欣鼓舞地宣告中国当代文学已经产生了重要的世界影响力，但这种影响力实际上是需要通过一个标志性事件来予以验证的。而莫言的获奖无疑表征了世界对中国当代文学的真正认可，为中国文学在国际文坛上的尊严与荣光、自信与独立提供了一个极其有力的佐证，是中国文学在世界产生真正影响力的一次历史性突破。就文学本身而言，他的最大价值是为文学事业的发展提供了强大的正能量，特别是对于年轻的作家们，会增强他们的信心、底气和创作动力。当代著名作家李洱感言："20世纪以降，中国的历史波澜壮阔，惊涛拍岸，泥沙俱下，令人百感交集。莫言对我们亲身经历的这段历史的描述，达到了令人惊悚的地步。在中国文化的转型时期，莫言的小说正面触及了文化转型给中国人带来的心灵阵痛。莫言的想象力是令人折服的。他的想象，瑰丽，奇崛，天马行空。有人可能以为，莫言的想象容易稀释他对现实的深切关怀。或许应该强调一个基本常识，即想象是记忆的生长。莫言的想象其实来自于记忆的刺激，是对融入记忆的现实的激烈反弹和激越书写。"中国有太多的不为海外所知的"故事"等待去发现、挖掘、提炼和创作，今天"高密东北乡"的故事惊艳世界，明天"某镇"、"某村"、"某巷"、"某社区"的故事，同样可引起世界文坛震撼。中国人一直有"诺奖情结"，莫言获奖客观上给了中国民众心理上的解放，解放了人们对"诺贝尔文学奖"的焦虑、妄自菲薄，更是对未来看法的一种解放。从20世纪90年代以来，很多人认为当代文学不如现代文学，甚至批评界形成一种风气，否定当代作家、否定当代作品会很崇高。很多人认为当代文学没有大师，但莫言获奖，使这种状况得以改变，北京大学教授、著名评论家陈晓明称，诺贝尔文学奖颁给莫言是对中国文学的极大肯定。“‘中国文学’与世界的交流有多种，而诺奖就是很好的方式。诺奖会让世界更加肯定中国文学的价值，推动中国文学的影响力，让中国文学找到自信心。”“改革开放以来，中国文化在随着时代大潮发生变革，在建构自己的文化自信心，并且希望通过诺贝尔文学奖的途径，来获得世界的认同，如今实现了。”以此为契机，中国文学走向世界的步伐会加快，中国跟西方文学对话的更多途径会很快打通。

莫言获得诺贝尔文学奖将成为中国当代文学史上一个里程碑式的事件是无可争议的，但并不意味着莫言所有的作品都是成功的，其创作还存在着某些局限性。其对文学的真正意义是吸引更多的人们重视文学喜爱文学，引发新一轮的文学热，进而推进中国文学事业朝着更好更高的境界提升，使璀璨的文学阳光温暖大地照亮人心美化人性。中国作协党组书记、副主席李冰指出：“莫言获奖具有多重意义。一方面，拉近了中国文学和世界各国之间的距离。中国有一批优秀的作家和优秀的作品，因为语言障碍、价值观差异，中国文学在国际上的传播还不够广泛，一些外国读者对中国文学知之甚少。诺贝尔文学奖颁给中国作家莫言，会使外国读者更加关注中国文学和中国作家，激起他们对中国文学的兴趣，而这种兴趣又会激发国外汉学家下功夫把更多的中国文学作品翻译介绍到世界上去。另一方面，拉近了诺贝尔文学奖和中国文学界的距离。中国有世界上最大的作家群、读者群、最大的文学作品产量，长篇小说一年出版数千部，网络小说更是数不胜数，还有散文、诗歌、戏剧、报告文学等等。这样一个庞大的文学实体不应该被诺贝尔文学奖忽视。”文学评论家白烨认为，“过去我们觉得跟莫言获奖没有直接关系，两件事让我觉得关系密切。我们在香山饭店开科幻小说研讨会，讨论近代文学的现代转型问题，会上当代文学的人欢呼雀跃，近代文学的人很落寞，他们碰到我们说，莫言的获奖让你们的学科意义都提升了，我才感到，莫言获奖给我们起了一个抬升作用。我们去土耳其和伊朗考察，到土耳其的时候，我们一点都不畏缩，土耳其有帕慕克，我们有莫言，谈起来很有底气、有力量，很对等。到了伊朗，伊朗的作家就很羡慕。尽管他们未必看过莫言的作品，但他们知道莫言，也回去翻译、引进莫言的作品。我们感到高了一头，很微妙的感受。”据悉，中国现代文学史 2013 年将全面修订改写，莫言将会被列为专章来讲述。在文学史教材中，目前只有鲁迅、巴金、曹禺设有专章。

在中国目前社会主义市场经济大潮中，人们生活节奏加快，浮躁而近利，最讲实际，很多人远离阅读，精神消费主要是电影、电视和网络，谈影视明星、网络红人好多人如数家珍，著名导演也知几个，如张艺谋、陈凯歌、冯小刚等，即使有人阅读，也是通过网络的居多，内容多是社科、美容、美食、科教等书，纯文学已经远离许多人的生活。优秀的文学作品难觅，更没有“石破天惊之作”。 进入后现代主义文化时期，文化更多的以一种调侃、自嘲、结构经典等方式，追求审美平面化和商品的符号化，艺术作品更多地体现为一种消费品，以能够引起欲望、快感、刺激、差异、好玩为主要特征。这其中固然有许许多多的原因，首先从文学消费来看，目前呈现“六化”：一是文学消费边缘化。从出版数量上看，中国图书市场堪称繁荣。2011 年全国共出版图书 37 万种，同比增长 12.5%。但走进书店，畅销书架却被大量成功学、励志类、“戏说”类图书以及青春小说、网络小说等通俗作品占据，一些出版社实行“广种薄收”政策，广泛选题的同时降低图书印数，“攒”起的内容越来越“水”。出版业的表面繁荣并没有带来文学出版的进步，反过来，莫言获奖则成了出版商的大喜事，各种版本的莫言作品和“全集”看足马力加印，其收藏价值明显高于阅读需要。二是文学消费趋利化。据中国社会科学院文学所发布的 2012 年《文学蓝皮书》，2011 年国内长篇小说的年出版总量在 4000 部以上。蓝皮书指出，文学阅读浅俗化，是近年来呈现的一个严重问题。蓝皮书主编白烨表示，文学与社会生活的互动越来越密切，还与媒体互助借力，使文学的综合性、复杂性比过去更明显，文学越来越不单纯。几十年间小说数量已有了 10 倍的增长，但文学价值却难说提升。言情、玄幻、官场、职场、盗墓、后宫等类型小说长期占据销量榜前列，作为主体受众的年轻人纷纷追捧偶像作家和网络写手，电视剧、游戏也越来越多地与文学结盟，4000部小说背后，是一片掺杂着利益和娱乐的喧嚣乱象，能给读者留下深刻印象接连再版的书没有几部。三是文学消费多元化。譬如，“于丹、易中天现象”就是电视文化向印刷文化领域的胜利进军，也是大众文化传播向传统文化资源胜利进军的标志。莫言曾感叹：“中国现在文化多元化，每个人可以很方便地把时间消磨掉。我们没有任何理由要求所有的人都来看我们的文学，那样电影导演、音乐家不都没饭吃了，就饿坏了。”中国图书出版的基本格局：社科类畅销书为主力，因为这类图书成本比较好控制，进行概念化营销即有可能非常成功；少儿类图书属于固有渠道，稳定性比较强；青春文学和类型小说有固定读者群，除非出现超级畅销书，它在图书销量榜上的稳定地位不会变化；每年图书行业不可或缺的是“名人书”；引进版权仍将是出版社竞争比较激烈的领域。青春文学童书确实有固定的消费群体，也是足够大的市场，多年的图书销售排行榜中，青春文学和童书都是稳占半边天。四是文学消费快餐化。2012年受莫言获得诺贝尔文学奖的影响，一度出现卖场销量上涨、网络阅读量上升、书店人流量增长等可喜景象，出版商普遍看好传统文学市场，到头来只是莫言作品火爆，其他作品，即使是当红大作家刘震云的新作《我不是潘金莲》、“归隐”20多年重出江湖的传奇作家马原大作《牛鬼蛇神》、著名作家严歌苓的新作《补玉山居》等，也很难达到出版商的预期，倒是贾平凹的新作《带灯》准备2013年出版，还未面世就遭盗版还能暗示传统文学还是有一定的市场影响。五是文学消费全球化。近几年，国外优秀的文学类、社科类图书和童书，不管是经典著作还是最新畅销书都能得到国内出版商的青睐，国内多家出版商竞相出版引进版权书，如2012年国内引进的《乌克兰拖拉机简史》、《焚舟纪》、《2666》、《落脚城市》、《伟大的电影》、《霍比特人》等多门类的经典之作，在国内引起了阅读和讨论的热潮。但是，也不是所有的国外“香饽饽”都合国内读者的口味，作为《哈利·波特》的作者，罗琳的转型之作《偶发空缺》，在中国出版界曾经引起疯狂哄抢，出版商甚至将预付款开到200万美元，但是这部小说出版后销量惨淡。六是文学消费返古化。在超级畅销书难以挖掘的情况下，出版商将重温经典，如金庸、古龙和梁羽生等经典武侠大家的作品将不约而同结集出版新版，世界经典系列科幻书《银河帝国》以及经典童书《中国童话》等都将旧书换新颜重新出版。受文学消费的影响，文学创作也呈现“八化”：一是文学创作的浮躁化。20世纪80年代以来，中国加快了城市化的进程，物质主义欲望、金钱至上信念肆意涌动，城市经验取代了五四以来的乡土优先性，成为具有新的时代特质的文学样式。但也确有一批像莫言似的作家，心无旁骛，一心笔耕，顽强守护乡土叙事，以“悲愤的抵抗”表达自己对文学的追求，莫言就是用11部沉甸甸的长篇“纯文学”，构筑着自己的“高密东北乡”。也有些学人坐不住了，仰望一个月写两部长篇的写手、仰望“商业出版物”深感相形见绌。也许有人说“70后”、“80后”尚年轻。莫言在26岁时开始写作，30岁刚出头已有多部具有影响力的代表作。余华的《徐三观卖血记》、《活着》等重要作品也是在30多岁时写出的。“70后”和“80后”作家现在正值三四十岁这一创作的黄金年龄，却面临着“70后”的集体沉默和“80后”写作日趋商业化的窘境。有人把这种局面归咎于20世纪90年代以来商业对文学的入侵和销蚀，新一代作家更加注重个人化体验，以“玩”的心态写作，传统作家的厚重感和责任意识在他们的作品中已难以觅得。稿费过低，生存艰难等可能也是作家不愿下功夫的原因，最重要的是许多作者还是文学王国里的流浪汉，还没有找到自己的“家园”。鲁迅的是“鲁镇”、老舍的是“老北京胡同”、沈从文的“湘西”、莫言的是“高密东北乡”……而如今我们的作家没有多少知道自己是哪街、哪村、哪乡、哪区、哪巷的。二是文学创作的肤浅化。文学本应鼎力纪录一个国家民族之心灵历史，及时回应时代呼唤。20世纪伟大的批评家本雅明在他的《机械复制时代的艺术作品》中曾指出，机械复制带给我们的是以视觉文化为主导的社会，在这样的社会中，我们每个人都在进行视觉的消费，复制技术也消除了传统文化艺术中对于灵韵的表达。莫言之所以被世界读者所认可，恰恰是因为他以文学的方式对中国社会课题独到的表达和思考，期盼已久的诺贝尔文学奖刚落到中国作家手里，热心的读者就开始讨论“谁有能力冲击下一个诺奖”。大家心中的人选是余华、苏童、贾平凹、陈忠实、阎连科等“50后”、“60后”甚至“40后”作家，这反衬出当代严肃文学的尴尬。在商业化、网络化的冲击下，才气有余但定力不足的“70后”和“80后”作家，更醉心于能更快带来真金白银的畅销写作，穿越、宫斗、官场各个门类看似热闹非凡，细品却只是时代大潮泛起的几个无聊泡沫，作品的艺术性、思想性几乎为零。面对拜金主义时尚、娱乐至上的环境，一些作家们对于创作现实主义力作，已经从无力退至无心，没有了对现实的关照与人文关怀，斤斤计较于一己现实悲欢。譬如官场小说，“总是有一个贪官，这个贪官有一个贪得无厌的老婆，少不了还有一个情妇，最后事情就是这个情妇败露，此外必然有一个见义勇为的记者，甚至是美女记者介入……”这种文学对相互倾轧的权力斗争给予浓墨重彩的“仿真”描写，以满足或迎合一些读者的猎奇心理，自觉不自觉地导致了题材和写作手法的同质化。虽然它揭露了一定的社会现实问题，并取得了令人惊叹的销售量，但终归是一种消费文学，对于民主政治建设和廉政建设影响有限，也并无太多文学上的建树，有的甚至对读者起到毒害和误导作用。三是文学创作的速成化。中国在改革开放之初，有一句响当当的口号是：时间就是金钱，效率就是生命。人民为建设国家大干快干，争分夺秒。它给改革的步伐敲起了加速度的鼓点。也正是在这个要求时间、要求效率的年代里，社会上也随之产生了很多盲目求快求成的速成，比如种类繁多的速成班，比如声势浩大的各种选秀。十天半月就可以把你速成为什么什么，速成之风遍布蔓延，无处不及。在文学创作领域中，表现为文学创作活动日渐活跃，创作队伍迅速扩大，然后出书热，文学新人辈出。求快是对的，但一味地只要速度，忽略实质内容，就透露出有急功近利、投机钻营的嫌疑，就难免有虚假。速成也许能打造出某些歌星、模特，但就文学创作，尤其是群众文学创作而言，速成只能是自欺欺人的把戏。作家是从生活中走出来的，没有哪一个作家诞生于速成班。实践经验告诉我们，文学既然是为人民、为社会服务的， 那么文学活动就要紧跟时代，这是一项长时期的社会实践工作，急不得。四是文学创作的多元化。时下，从创作方式上有严肃文学和网络文学之分，莫言、贾平凹、刘震云、马原、严歌苓等作家的文学作品多采用纸质创作和传播，而近10年来，网络文学有了突飞猛进的发展。网络文学创作周期短、语言新潮易懂、文图声色并茂，有其天然的时代感和吸引力，特别是备受青少年、儿童的青睐，但也有其天然的弊病，比如受载体的制约较大、易疲劳、辐射大等，手捧一本书，欣赏书本装帧的艺术之美，品味铅字描述的灵秀和画龙点睛之笔，也是一种意境、一种雅兴。五是文学创作的个人化。个人化的写作，在20世纪80年代后期已经初露端倪，如张承志、史铁生、贾平凹、王安忆、韩少功等人的写作，但与当时文以载道式的政治化写作相比，当然不可能引起全社会的轰动效应。当90年代文学与政治疏离之后，这种个人化的写作姿态和方式才成为普遍的现象，并在创作上有了长足的进步，其文学价值也渐渐地凸现出来。如上海作家王安忆自90年代初发表《叔叔的故事》开始，就一直保持特立独行的写作姿态，她的文学创作更多地具有精神书写的色彩，与塑造人物的性格相比，她更多地关注各种人物的灵魂，在欢乐的背后看到痛苦，在堂皇的外衣下发现卑微，在平凡的经历中写出不平凡。六是文学创作穿越化。穿越的作品在网上很多，有的流行，有的不流行，有的略有一些姿色，有的则丑陋不堪。有些作者强调这些作品都来自他的想象，也有学者或专家试图证明其想象力的独特，她们的想象无不来自90年代以来的港式电视剧或对港式电视剧的模仿之作，这种童年的或少年的记忆，在她们贫瘠的生活记忆中显得十分突出，遂成为日后创作的重要源泉。所谓穿越是很容易被新的商品和时尚所取代的，这种快速的淘汰甚至不可能给它留下成为经典的时间，所以我们不必在意有人说它一定能产生经典，因为当下一个流行样式出现的时候，他们同样会把这种期许奉献给新的样式。事实上，穿越就像飘过我们头顶的一片浮云，我们甚至不能保证它会在最新成长起来的一代读者头上停留。七是文学创作的模仿化。目前抗日恩怨、宫廷情仇、婆媳争斗等题材严重雷同、复制、胡编，缺乏原创性。八是文学创作去意识形态化。在革命战争年代和“文革”期间，过度强调文学的意识形态功能，虽然为推动中国抗日战争和解放战争的胜利发挥了积极的作用，在“文革”期间赤裸裸地成为政治喉舌和工具，很大程度上限制、压制的“百家争鸣”，弱化了文学的娱乐等功能，而在改革开放以来，在市场经济的大潮中，文学又滑向另一个极端，其意识形态功能被弱化，通俗文学、类型文学成为市场的主流。

对于中国严肃文学的走向问题，莫言充满信心，他认为，对严肃文学感兴趣的很少，正是严肃文学的价值所在。严肃文学的读者，永远不会减少到让作家没有兴趣写作的程度。不管是哪个国家的人得了诺奖，中国的出版商就会迅速翻译其作品。哪怕这个作家对中国很反感，中国读者依然会对他们的书进行非常客观的评价。文学年年都在掀高潮。莫言家乡一名中学生发出了这样的感想：“在（莫言获奖）那一刻之前，诺贝尔奖离我们很遥远；那一刻之后，诺贝尔奖的获奖者、世界文学大师就生活在我们身边。莫言的作品大多以家乡为背景，讲述家乡的生活，让人感觉亲切，也让我感到文学并不神秘。只有坚持留心生活中的点点滴滴，不断积累，总有一天，我会用自己对生活丰富的情感和体验作笔，描绘出属于自己的文学天地。”一个人所处的社会环境、个人体验的社会生活不一样，创作肯定不一样，到时候，他的“高密东北乡”也许是另一个模样，如果能再获诺贝尔文学奖，那将是另一个传奇与佳话。

莫言的一句“文学和科学相比较，的确是没有什么用处，但我想文学最大的用处，也许就是它没有用处”为人津津乐道。在物欲横流、信仰缺失的时候，“没有用”的文学也许会发挥些作用。阿根廷作家博尔赫斯曾对文学何用“有着更加诗意的回答”：“没有人会问，金丝雀的叫声或者日落的彩霞有什么用处！”“所有尊重文学的人都知道，文学不是无用的，虽然它不会带来立竿见影的受益，也不能解决人们直接的肉体温饱问题，但它可以引导人心向善，滋养人们的心灵，最终解决人们的精神温饱问题。英国著名音乐家、诗人约翰·列侬说过，如果你要我跟你创造美好，我参加；如果要我跟你毁灭什么，对不起，我不加入。诺贝尔奖评委会前主席谢尔·埃斯普马克认为，一本书就像一个微观的世界，有自己的条件和状况，你可以进入其中体验。文学世界是一个双重世界，它是一个自在的世界，但与此同时，它会强迫外在世界显形，展现它的面目，文学的这种双重作用是非常重要的。但“文学常常被政治辩论所掩盖，人们常常忘记了文学是一个自在的世界”。著名文学评论家季红真在《莫言散论之一》中谈到：“人们在这个充满欲动的世界上艰难地生存，有压抑就有抗争，千百代人都翘望着那颗明亮的自由之星。然而，任何个人的认识能力大都是有限的，以有限而无法穷知无限；任何一个个体的生命都是脆弱的，难以承受那永恒的苦难，理想精神也永远无法超越人性的极限。所以，无论历史怎样进步，每个时代的人都曾感叹世道艰难，都免不了悲观情绪，便要寻求精神的解脱。正是这一人类心智中永恒的矛盾，构成了世代相袭的斯芬克斯之谜。”从这个意义上讲，人性探究无止境，文学亦有永恒的生命。

现代化的本质，仍然是人的现代化。世界上有许多先例，社会发展到一定阶段，人们厌倦了物化社会的浮躁无聊，网络世界的虚幻、轻佻，追求心灵的宁静和慰籍，崇尚书香的芬芳和雅情，寻觅精神的家园，严肃文学就是他们的归宿之一。眼下，人们在国际航班上常常见到这样一幕：亚洲面孔的人更多拿着手机、平板电脑玩游戏、看电影；来自发达国家的人更多是拿本书在阅读。据报道，中国人人均每天读书时间不足 15 分钟，甚至有人发出“静下来读点书是一种奢侈”的感叹，而在许多西方国家，休闲时读书，只是一种大众文化消费方式。第九次中国国民阅读调查显示，2011 年我国人均阅读量仅为 4.3 本，而法国是 20 本，日本和以色列则分别达到了 40 本和 60 本，诺贝尔的祖国瑞典这个数字更达到惊人的 67 本。面对这个令人尴尬的数据，我们只能以国人生存压力大为理由来搪塞。事实是，越来越多的人已经找不到阅读的乐趣，当代文学的受众和影响力都在萎缩。这次“莫言热”只是莫言本人热，文学、阅读之路仍很长。获奖前，作为中国作协副主席的莫言，已在文学界享誉国内外，但除在文学圈，他的社会知名度并不高，只是在获奖后，他的书才被抢购，一时脱销，这背后不是文学热在升温，而是名人效应在发酵，真正回归纸质阅读的还很少。

如果借“莫言热”主推中国的“文学热”、“阅读热”、“创作热”，那将是中国文学的春天，也将是中国软实力的一个标志性展现。瑞典翻译家陈安娜在莫言获诺贝尔文学奖之前就表示了对于整个中国文学的信心：“如果他得奖了，我当然非常高兴，因为我是他的译者，而且我喜欢他的作品。如果他得奖，不光对他个人有好处，对中国文学在外国也有好处。如果他今年不得奖，我觉得可以再等，因为很多得奖的人已经等了很长时间，所以如果今年不得，明年也许可以，或者过 5 年，或者过 10 年，这个早晚就会有，如果不是他那就是其他中国作家。”但必须清醒地认识到，莫言获奖，只是中国文学走向世界的一个标志性事件，中国文学要真正被世界文坛所接纳，路还很远。

五

“诺奖”给莫言带来的商业价值和经济效益是显而易见的，从书籍销量到拍卖影视改编版权，以及相关的广告代言等等。据出版界人士透露，一般在国内市场上，一个茅盾文学奖可能给作家带来10倍收入的增长，而“诺奖”的价值远不止这些。据称，十多年前，莫言曾与四川一书商合作创作了一部长达20多万字反映四川生活的电视剧本，但此剧一直没有开拍。莫言获奖后，该书商再次公开向莫言邀稿，并从原价20万直接跳价到120万元。在北京潘家园旧书市场，莫言旧书身价暴涨，一本人民文学出版社的《红高粱家族》原价20元，一般这样的图书到了旧书市场也就卖5元钱左右，可现在已经买到了200多元，一位店主透露，这种情况在旧书市场还是第一次。过去网上销售才几十元的莫言小说签名本，现在也涨到几百元到十几万元不等。在一家旧书店，莫言亲笔签名的《透明的红萝卜》竟然要价11万元，很多来淘书的人看到店主的开价，都被吓得连连摇头，但是店主却满不在乎。“肯定不愁卖，这个版本加上签名，国内不会超过10本，卖这个价是合理的。”在北京的文化市场，很多纪念品和 衣服也被贴上了莫言标签。在北京南锣鼓巷一些小店，都连夜赶制出了莫言的T恤，上面印着莫言的头像，以及中英文的“诺贝尔文学奖”的字样等。相比于普通T恤几十元的定价，打上莫言标签的T恤则卖到了100多元。此外，有关莫言的笔记本、杯子和工艺品应有尽有。近年来诺贝尔文学奖得主，虽然也有祝贺和出书的事，但像莫言这样被如此消费的，还不多见。有媒体预测，根据经济学上的杠杆效应，莫言获奖之后，将为市场带来约34.31亿人民币的受益。其中图书市场的份额超过10亿。而他自己的预估收入则为1.755亿左右。这当然是一家之言，潜在的利益可能更大。

在市场社会，人气是一种财富，甚至是一种稀有资源，莫言获奖，凝聚了太大而重的人气，这个资源稀之又稀。人们因职业、视觉、经历、品味、需求不同，心目中的“莫言”各异。不少读者、评论家提出“解读莫言”、“重读莫言”、“结构莫言”、“解构莫言”，甚至是“消费莫言”，把他视为“星辰”、“富矿”、“工具”、“符号”、“情结”、“文豪”、

“大师”等等，但在笔者心目中他只不过是老家邻居。从他的人生中、从他的作品里确实能看到自己，看到童伴，望到、闻到、尝到、听到家乡的树木、鸟虫、草棚、牛羊、坑塘、蓝天……勾起许许多多美好、温馨、惨淡、痛苦、尴尬的回忆。他笔下的高密东北乡的风物人情，似曾相识，恍惚间融合了笔者自己的过去。他的许多作品，特别是《蛙》中的许多事件、人物、风情，在笔者老家都能找到影子，甚至原型，他的小说，更像是报告文学。渐渐地，“莫言”本人与作品融为一体，就像是老家邻居。读莫言的小说，有时真的分不清哪是“莫言”，哪是“莫言”的作品。其实，“莫言”本身就是一部作品，他的创作只是这部作品的一部分。当然，“莫言”的文学成就令人望尘莫及，而背后的困顿中抗争、坚守的人生经历更让人嘘唏，其中有许许多多农村孩子不屈拼搏的痕迹。命运一次次捉弄他、质疑他，但他从不退缩，才从胶河岸边，披荆棘，攀峭壁，步步跋涉，最终登上世人仰慕的瑞典诺贝尔奖的圣殿。他的成功，固然有许多因素，如天赋、故乡传统文化熏陶、家庭的影响等等，幸运的是他品尝到了人生的两道大餐——吃屈与磨难，更为关键和可学的是他善于学习、循序渐进、不断深造，心存梦想。他的人生可对农村孩子，甚至更多的人群以警示、激励和启迪。

入乡随俗

有人问莫言，去瑞典领奖时穿什么服装？莫言表示，中国有中国的民族服装，其他国家也有其他国家的民族服装，这就是个人喜好，还是遵照人家典礼的有关要求，入乡随俗吧！

一

莫言获奖，在国内如“大姑娘上轿，头一回”，是有点亢奋、忐忑、纠结，就连穿什么服装领奖也成了人们争论的焦点。诺贝尔基金会执行总裁海肯斯坦表示，按照诺奖的传统，获奖者需穿燕尾服出席颁奖典礼，这其中还有一个原因，领奖者出席完颁奖典礼后会有酒宴，瑞典餐厅尤其是诺贝尔奖为获奖者设宴的餐厅座位之间距离很窄，穿燕尾服便于吃饭。当然，这也不是硬性规定，他们也尊重获奖者个人的选择。资料显示，历届诺贝尔文学奖颁奖典礼，获奖者大都是穿燕尾服或者西装，但也有穿民族服装的，1968 年，川端康成作为日本首位诺贝尔文学奖获得者，在赴斯德哥尔摩领奖时穿的是日本传统服装和服，获奖词《我在美丽的日本》也是在宣传日本文化；1994 年，日本作家大江健三郎赴斯德哥尔摩领奖时穿的则是笔挺西装，获奖词《我在暧昧的日本》颇有向川端康成致敬之意；1982 年拉丁美洲作家马尔克斯在赴斯德哥尔摩领奖时，穿的是西装，这位传奇作家并没有把家乡的服装带入会场。

依照莫言本人的意思，穿燕尾服出席颁奖典礼是入乡随俗，也是尊重人家的习惯。国人却有两种截然不同的意见，一方认为，实在无法想象莫言穿着燕尾服会是怎样一个不伦不类的形象，在这种难得的场合，莫言应该穿能代表中国传统文化的汉服或唐装。如果他穿着燕尾服，估计很快就会淹没在众多燕尾服里，毫无新意。莫言作为内地第一位获得诺贝尔文学奖的作家，意义不一般，可以说是举世瞩目，这么好的机会，莫言应该穿汉服，行中国茶道之礼，彰民族之独立性，以体现大中国之礼乐文明与威仪。而另一方则认为，我们要有大国风范，充分尊重颁奖惯例，穿燕尾服也显庄重。有网友为莫言 PS 出各种服装标准照。从西装、燕尾服到汉服、唐装、中山装、马褂，莫言穿上中西服装的“效果图”全被做了出来。从“效果图”来看，莫言穿上中式服装尤其是汉服和马褂，看上去让人忍不住发笑，反倒是西装和燕尾服显得比较协调。莫言诺奖礼服设计师陈蓓以“莫言”的名字为设计元素，准备了包括燕尾服、中山装、西装在内的5套服装，以备不同场合之需。服装以黑白灰为主色调，用到一点红。虽然是传统面料，但进行了翻新。大家看到礼服的时候就会知道眼前这个人就是莫言，在设计上尽量用了简洁的、随意的线条来体现中国文人的品位，传统东方文化。时下，有人以说方言为时尚，甚至调侃说“普通人才说普通话”，而莫言坚持在正式场合说普通话，尽管有点“地瓜味”。著名作家王蒙曾说过，莫言讲话不像他的作品里面那样用很多的山东高密方言，而是标准的普通话，给人一个能说会道的印象。他认为，有的作家写得很好，口才却不好，而莫言是写得好，口才也好的作家之一。这次获奖之后，莫言在各种场合回答问题都非常得体、诙谐，特别是回答中央电视台关于“幸福”问题时，那种机智，实在为人称道，展示了当代作家的另一面风采。莫言一下飞机就沉浸在异国浓浓的友好氛围中，虽然雪盖天寒，但却处处温暖。他也以优雅的举止、幽默的谈吐、得体的着装展示了良好的风采。北京时间12月6日19时，莫言在瑞典文学院举行新闻发布会，接受了中外记者的采访时，着黑色西服、佩戴宝蓝色领带，与现场混为一体，很快拉近了与记者的距离，气氛迅速活跃起来。他始终面带微笑，回答了有关获奖后的生活和个人心境、写作以及中国当代文学发展等诸多提问。面对现场记者“此次来到斯德哥尔摩，除了领奖，你最大的目的是什么”的提问时，莫言就展现了自己的幽默：“我最大的目的就是领奖，还有一个目的就是来参加这个记者招待会。”他借题发挥，表示“很多人把记者招待会描述得十分可怕，也把我描述得十分可怕。”“结果我来到这里后发现你们并不可怕，你们也发现我不可怕，我们都是一样的人。”莫言瑞典之行，扮演了使者的角色，以睿智、幽默、包容、开放、谦逊、乐观的形象赢得喝彩。他的“入乡随俗”更展示了一种风度、自信、尊重、适应、合作、包容与力量。

2013年4月，莫言将这一独特经历撰写成书——《盛典——诺奖之行》正式出版，“第一天心如巨石，风吹不动；第二天中国故事，世界知音；第三天乡情如酒，不饮自醉；第四天心存善意，与狼共舞；第五天金牌辉煌，盛宴难忘；第六天王宫晚宴，思我故乡；第七天异乡知己，相见恨晚。”莫言称：“获奖后一个多月的经历，使我认识到了诺贝尔文学奖巨大的影响和不可撼动的尊严。我一直在冷眼旁观着这段时间里发生的一切，这是千载难逢的认识世人的机会，更是一个认清自我的机会。围绕着我去瑞典领奖这件事，很多人写了文章编了书。有的人道听途说，有的人捕风捉影，有的人虽有忠实报道之心，但由于条件限制未能获得第一手资料，因此，难免出现许多与事实相去甚远的信息，为了恢复事实真相，也为了让关心这件事的读者朋友了解这件事的全部过程以及在这过程中我的一些零星感受与随机所想，就编写了这本书。”书中莫言特别写了自己对诺奖演说的感受：“在我发表了《讲故事的人》的演讲之后，我看到瑞典的报纸全文刊载了我的演讲稿。据说这也是空前的。总之，肯定的声音大量出现，那些把诺奖政治化、把我‘妖魔化’的批评，开始受到质疑。尤其让我感动的是，上届得主托马斯·特朗斯特勒罗姆先生站出来支持我。他看了我的演讲稿，并听他的夫人朗诵了我的《生死疲劳》，他向瑞典学院表示：“莫言是个优秀的作家，他的演讲是篇感人的好文章。”

二

诺贝尔文学奖是人类文明长河之中的一个花絮，不过，这个花絮很耀眼，很绚丽。一般认为，就诺贝尔文学奖与中国的关系，经历了隔膜、关注、冷战、零和、沟通五个阶段：

第一个阶段（1901-1912）：理想主义，但自我封闭。中国是一个“文明型国家”，而且是世界上唯一这样性质的国家，它是世界上唯一的连续5000年而没有中断的文明，有超大型的人口规模、超广阔的疆域国土、超悠久的历史传统、超深厚的文化积淀。15世纪时，中国人口已经达到1亿至1.3亿，整个欧洲也只有5000万至5500万。当时，文化特别昌盛，平原土地十分肥沃，且有灌溉设备，以11世纪即建成的优良运河系统互相连接，并且还有统一的等级森严的政府，由一批受过孔子学说良好教育的官僚管理。也正是这一庞大的官僚阶层，正当欧洲开展轰轰烈烈的工业革命、极力向外扩张与掠夺的时候，选择的是与世隔绝，闭关锁国，特别是到了清朝末年，中国的文化未能对国家民族面临的危机和欧洲的崛起做出有效回应，最终衰落。可以说，中国几千年封建社会，公元500年至1500年，一直是世界的领导者，只是在公元1500年之后，被首先从工业革命中获益的欧洲和美国赶超。但直至19世纪中期甚至末期，中国知识界对儒家义理还是很自信的。魏源的"师夷长技"，张之洞的"中体西用"，都是这种自信的体现，但是，在中西两种文明发生持续碰撞之后，支撑儒家义理的军事实力却远远不敌支撑自由主义的军事实力。屡战屡败之后，中国知识界不得不全面地接受与自由主义相关联的器物以及自由主义本身的价值。从历史过程来看，是自由主义背后的以军事实力、经济实力、科技实力为核心的物质力量，为自由主义思想增添了不可抗拒的魅力。从清末以来，中国传统国家被产生于欧洲的近代国家打败。无论政治精英还是知识精英，都把中国落后挨打的原因，归诸传统道德或者文化。中国文化的自我优越感遭到前所未有的挑战，以至于被很多中国人断然抛弃，洗心革面成为中国近代和当代史上最尖锐的声音。而西方欧美国家，经过工业革命，成为真正的世界主宰，享有不可争辩的话语权和文化优越感，这就是诺贝尔奖产生的历史背景。所以，就诺贝尔文学奖而言，最初10年间，呈现出浓厚的理想主义色彩，评委们的视野还仅仅局限于基督教文化圈。按照诺贝尔先生的遗嘱，文学奖的奖金授予"最近一年来""在文学方面创作出具有理想倾向的最佳作品的人"。1900年经瑞典国王批准的基本章程中改为"近年来创作的"或"近年来才显示出意义的"作品，"文学作品”的概念扩展为“具有文学价值的作品”，即包括历史和哲学著作。获奖者不受国籍的限制。其实，要做到这一点是很难的。它受到评比标准和地理位置等各方面条件的限制。所谓“最佳作品”，当然是以他们的政治、艺术标准为前提。同时，在20世纪初，像瑞典这样的国度，它不可能广泛地接触世界各国的文化，因此，也不可能做出完全合理的评选。它从开始就在欧洲几个国家内实行一年一度的“配给制”的事实，就充分证明了这一点，更何况，它还涉及推荐书、初审报告的强弱，以至于与瑞典文学院的个人交往等诸因素。数据显示，前10年的诺贝尔文学奖获奖者地域上全集中在西欧国家，其中，法国（1901、1904）、德国（1902、1908、1910、1912）、挪威（1903）、西班牙（1904）、波兰（1905）、意大利（1906）、英国（1907）、瑞士（1909）、比利时（1911）。第一位获得诺贝尔文学奖的是法国诗人普吕多姆，他是因“崇高的理想、完美的艺术和罕有的心灵与智慧的实证”而获奖，在颁奖词中，还有一段，“在实践——伦理领域，像康德一样，在义务的不可否认和绝对的事实中，找到了人类超感觉目的的证据。”无论如何也看不出来是对文学作品的赞美之词。作者在文学史上本来也是一个悄无声息的人。由于首次颁奖冷落了两位文坛巨匠：托尔斯泰和左拉，于是抗议的声波在第二届竞选中喧嚣起来，大量指责让托尔斯泰落选的信件涌进瑞典文学院，对于这些抗议活动，瑞典学院的常任秘书威尔生说：“托翁没有获奖是因为不符合诺贝尔竞选章程的规定，应由具备资格的学者或有关团体推荐。”当托尔斯泰具备上述条件后，学院认为托翁作品的内容和倾向不符合诺贝尔 “理想主义”要求，最后，托尔斯泰愤然退出了诺贝尔文学竞争的行列。有人就感慨，诺贝尔文学奖始于平庸。据统计，最初10位获奖者，除了波兰小说家亨里克·显克维支与英国小说家吉卜林仍在世界文学家序列中接受人们的敬意，其余几位则游离于文学史之外，唯有在谈论诺贝尔文学奖时才被再次记起，而他们的获奖，多是因为伟大、理想主义、卓越、高贵等。1901年到1912年的诺贝尔文学奖颁奖词中，“理想主义是一个高频词汇，光从颁奖词中看不出有大的波动或者新的涟漪，19 世纪的古典美学，在 20 世纪的历史现实里逐渐隐退，却被瑞典学院的院士们严谨地看护着。”

第二个阶段（1913-1946）：人道主义，推展区域。“一战”结束至“二战”爆发这段时间，院士们对诺贝尔遗嘱中关于“理想主义”解读，开始有所松动，最明显的标志，是不再将基督教文化背景严格置入获奖要求，颁奖词中出现了新的词语：人道主义与民族精神。在此期间，31 名获奖者中欧洲国家 25 人，其他洲基督教文化圈的美国 4 人，佛教国度的印度 1 人，东正教国度的俄国 1 人。1933 年俄国作家伊凡·亚历克塞维奇·蒲宁以作品《米佳的爱情》获奖，获奖理由是：“由于他严谨的艺术才能，使俄罗斯古典传统在散文中得到继承。”在长达 30 多年的诺贝尔文学奖竞争活动中，从沙皇统治下的旧俄到十月革命胜利后的苏联，虽然托尔斯泰、高尔基等都曾相继被提名，但无一位作家获过诺贝尔文学奖。瑞典文学院也在考虑让这一幅员广阔的土地上出一名获奖作家。1923 年，蒲宁被法国作家罗曼·罗兰所推荐，同时被推荐的还有高尔基。从 1923 年开始，蒲宁和高尔基几乎每年被提名。诺贝尔委员会曾于 1918 年和 1928 年，委托有关专家撰写过高尔基作品的研究报告，1918 年的考评结论为“高尔基的无政府主义和有时候纯粹的野蛮创作不属于授奖范围。作品的新鲜之处主要是由对生活现象所作的广泛和令人厌烦的描写组成的，虚华的浪漫主义、细致描写毫无价值”，后来的报告者以所谓高尔基“和他祖国文化生活有密切关系的政治活动”为由，不予推荐，背后的真正原因是他过多的政治头衔：前苏联伟大的无产阶级作家，“无产阶级艺术最伟大的代表者”（列宁语），社会主义、现实主义文学奠基人，无产阶级革命文学导师，苏联文学的创始人。相反，考评者提醒瑞典文学院把目光转向了流亡国外的作家蒲宁，巧合的是，阿尔弗雷德·诺贝尔生前在俄国的巴库拥有油田。他的侄子伊凡·诺贝尔在他叔叔死后一直负责经营那份产业。而蒲宁一直是伊凡·诺贝尔崇敬的作家之一，并有着密切的联系。伊凡·诺贝尔也是这一年颁奖庆典的座上宾，他虽然不直接参予评奖，但他的地位和影响自然起到了相当的作用，使俄国、法国许多作家都为蒲宁作宣传，造舆论，终使他从该年度30位候选人中脱颖而出。

蒲宁于1870年俄历10月20日出生在俄罗斯中部沃罗涅什镇的一个破落地主家庭，中学毕业后便独立谋生，当过图书小职员，摆过书摊，17岁开始发表诗作，1898年出版了他的第一部诗集《在露天下》，此后写了许多著名的作品，如短篇小说《安东诺夫卡苹果》（1900）、《梦》（1908）、《弟兄们》（1914）、《从旧金山来的先生》（1915）及中篇小说《乡村》，蒲宁的创作为俄罗斯批判现实主义文学的繁荣和发展起了积极作用。十月革命爆发后，蒲宁从旧贵族阶级的立场出发，反对和诅咒革命，流亡法国后，曾游历欧洲、非洲和亚洲，写了《米佳的爱情》、《幽暗的村间小径》等两百个中短篇小说。《从旧金山来的先生》是蒲宁的代表作。1933年的文学奖授奖大会在瑞典皇家音乐宫举行。按规定必须在会场悬挂得奖国的国旗，然而，这一次例外，因为蒲宁不能代表十月革命胜利后的苏联，他是从旧俄帝国文坛出来，革命后又逃亡国外的作家，沙皇的“三色旗”早已被社会遗弃，于是，授奖大厅借诺贝尔生辰100周年，挂起清一色的旗帜——瑞典国旗。蒲宁亲临斯德哥尔摩领奖。这一奖项肯定不会得到苏联当局的认可，甚至被看成是对苏联的挑逗。

这个时期最受争议的一位获奖者是赛珍珠。赛珍珠原名珀尔·赛登斯特里克·布克，1892年出生于美国弗吉尼亚州希尔斯保罗一个长老会传教士的家庭里，幼年时随父母来到中国，在江苏镇江长大。赛珍珠是她模仿清末的名妓“赛金花”为自己起的中国名字。可见妓女“赛金花”在她心目中的特殊地位。17岁时，赛珍珠回美国进入弗吉尼亚州伦道夫梅康女子学院攻读心理学，毕业后在美国过了一段短期的教书生活后又来到中国，在南京金陵大学和东南大学教英语和英国文学。1917年赛珍珠与传教士约翰·洛辛·布克结婚。

1928年，中国爆发了举世闻名的北伐战争。赛珍珠站在反动的立场上，仇视和害怕革命战争，没等北伐军进入南京，就匆匆逃离中国。1931年，她的畅销书《大地》在美国约翰·戴公司出版。这本书的发行使她成为名噪一时的畅销书作家。《大地》是描写中国社会风貌的作品，并没有反映出中国人民的命运，也没有触及中国社会的实质，仅仅是杜撰了某些个别现象而已。鲁迅在1933年致姚克书中指出："中国的事情，总是中国人做来，才可以见真相，即如布克夫人，上海曾大欢迎，她亦自谓视中国如祖国，然而看她的作品，毕竟是一位生长在中国的美国女教士的立场而已。"像这样一个显然脱离中国当时社会本质的小说，瑞典文学院还给了"由于她对中国农村生活所作之丰富而生动的史诗式描绘，以及她的传记性的杰作"这样的评语，显然是极不公平的。在这年30名候选人中有第二年就获文学奖的西伦佩、1944年获奖的延森、1946年获奖的海塞及意大利史学家克罗齐等强手。赛珍珠的意外获奖，连她本人也感意外，在瑞典文学院的正式通知电报未到达赛珍珠之手的时候，记者将这一消息转告她时，赛珍珠起先着实吃了一惊。她说："在瑞典文学院的电报到达之前，我宁愿相信这是一场误会，或者是一个低级的笑话。"当时就有人认为，此乃末流作家的红运，只反映了评委注重大众审美趣味，将文学从象牙塔之中拉下来，换之于芸芸众生的倾向。

"二战"结束后的世界令人沮丧，很多知识分子呼喊，不要再等地上出现天国，而是动手自己来筑就。那是一个存在主义突然流行的时代。纪德的获奖，让现实主义作家颇为振奋。此前的诺奖获得者，并未因为对人性处境的呈现而受到赞誉，而在纪德这里，人性本身的困境被提出来。现代主义作家的特殊风格，从一定程度上讲，正是由于对人本身的质疑与反思。于是，1948年，艾略特登上了诺奖颁奖台，颁奖词曰："对于现代诗之先锋性的卓越贡献。"如果仅从颁奖词来讲，这是诺奖第一次从文学发展的角度，而非现实社会发展的角度来评价作品，之前的颁奖词里，充满了对文学作品教育意义、对现实与人类处境的关怀。我们在1949年福克纳的颁奖词中会读到更清晰的文学尺度。

社会上有一种说法是，1913年，中国的辜鸿铭与印度诗人罗宾德拉纳特·泰戈尔一起获得诺贝尔奖提名，最终泰戈尔胜出，这是否属实，至今无确凿史料佐证。但在当时，他的文学成就确与泰戈尔难分伯仲。辜鸿铭生于南阳，学博中西，号称“清末怪杰”，是满清时代精通西洋科学、语言兼及东方华学的中国第一人。他第一个向西方翻译了中国“四书”中的三部——《论语》、《中庸》和《大学》，并著有《中国的牛津运动》和《中国人的精神》等英文作品，他精通9国语言，获13个博士学位，能够自如地倒读英文报纸，系雄辩之才，曾向日本首相伊藤博文讲授孔学，与俄国文学大师列夫·托尔斯泰书信来往，讨论世界文化和政坛局势，被印度圣雄甘地称为“最尊贵的中国人”。他热衷向西方人宣传东方的文化和精神，产生了重大的影响，在西方形成“到中国可以不看紫禁城，不可不看辜鸿铭”的说法。据传，泰戈尔访华，学人拥戴，唯辜鸿铭闭门谢客。他认为泰戈尔不懂《易经》，因此也不懂东方文化的精微之论。但辜鸿铭所处的时代正是中国备受西方列强瓜分欺凌的半封建半殖民地时期，国内军阀割据，国将不国，很难想象诺贝尔文学奖会授予这样一位破落国度“东亚病夫”的最后卫道士。

泰戈尔于1861年5月7日生于印度孟加拉省加尔各答，1941年8月4日在该地去世。在60多年的文学生涯中，共写了50多部诗集，12部中、长篇小说，100多部短篇小说，20几个剧本，他的创作可划分为3个时期，前期 （19世纪最后20年）的作品广泛反映社会生活，表现出反帝反封建思想 （如《两亩地》）。20世纪的最初20年是泰戈尔创作的中期，长篇小说《沉船》以情节曲折，描写细腻而闻名。后期在国际革命形势的影响下，先后写了剧本《摩克多塔拉》、《红夹竹桃》等，都具有反对帝国主义的侵略，为劳动人民的独立和解放而呐喊的进步倾向。他1910年出版的抒情诗集《吉檀迦利》以优美动人的抒情格调，表达了他热爱祖国和人民的深切感情，反映了诗人对真善美的追求和热望，被誉为印度诗歌的瑰宝。当初，《吉檀迦利》付印之前，著名画家罗森坦曾将这本书的手稿拿给诗人叶芝看过。这位赫赫有名的英国诗人看了十分欣赏，后来叶芝又将它传给诗画俱佳的摩尔。摩尔看了之后也同样拍案叫绝。于是，他决定向瑞典文学院推荐泰戈尔。当时，英国最主要的候选人并非泰戈尔，而是哈代。签名支持哈代的英国人多达 97 位。那年总共有 28 位重要作家参加角逐。西班牙方面，有一大群人支持的加尔多斯，他的推荐书上整整有 700 个签名；意大利的主要候选人是德雷达；瑞士再度推出施皮德勒；丹麦、芬兰、瑞典和比利时也都纷纷推出候选人，竞争相当激烈。1913 年 11 月 13 日，诺贝尔委员会再度开会，13 位代表中，投票支持泰戈尔的竟达 12 人，以绝对多数支持而当选。瑞典文学院给他的评语是："由于他那至为敏锐、至为清新而又至为优美的诗篇，凭借着他那娴熟的技巧和他的英文，使他那充满诗意的思想成为西方文学的一部分。"颁奖典礼于 1913 年 12 月 10 日举行，可泰戈尔并未出席。主办当局只好怅然接受他的致歉电报：由于"半个地球的遥远距离"，他无法登上领奖台。后在 1921 年春，泰戈尔终于达成了一游瑞典的心愿，在那里他受到了无比热烈的欢迎。在瑞典人的心目中，他简直成了一个"东方圣人"。

东方文化越来越引起诺贝尔奖评委会的关注，鲁迅曾被纳入诺奖候选人说法是有依据的。2012 年 10 月 23 日，诺贝尔奖评委会前主席谢尔·埃斯普马克在上海接受媒体访问时表示，"我们确实讨论过鲁迅。"他说，在"二战"以前，没有来自东亚国家的提名。"我们最先考虑的是鲁迅。当时瑞典著名的地理学家斯文·赫定是后面的推动人。他们找到刘半农去问鲁迅，鲁迅说我不想得奖，我还不够格。鲁迅是一个非常谦逊的人……后来他去世了。"他称，鲁迅不是被提名的，是诺奖评审委员会主动问他的。但在当时的情况下，到底鲁迅出于什么考虑，后人很难妄加推猜。谢尔·埃斯普马克在这次上海之行中还透露，现代著名文化人物刘半农先生也曾被提名诺贝尔文学奖。刘半农早年参加《新青年》编辑工作，后获法国国家文学博士学位，1925年回国，任北京大学教授，先后创作了《扬鞭集》、《瓦釜集》、《半农杂文》，编有《初期白话诗稿》，学术著作有《中国文法通论》、《四声实验录》等，另有译著多种，其中《汉语字声实验录》荣获“康士坦丁语言学专奖”，他是近现代史上中国著名文学家、语言学家和教育家。刘半农认为鲁迅有竞争诺贝尔文学奖的资格，曾托台静农向鲁迅发信征求本人意见，鲁迅回了这样一封短信：“静农兄：九月十七日来信收到了。请你转致半农先生，我感谢他的好意，为我，为中国。但我很抱歉，我不愿意如此。诺贝尔赏金，梁启超自然不配，我也不配，要拿这钱，还欠努力。世界上比我好的作家何限，他们得不到。你看我译的那本《小约翰》，我哪里做得出来，然而这作者就没有得到。或者我所便宜的，是我是中国人，靠着这‘中国’两个字罢，那么，与陈焕章在美国做《孔门理财学》而得博士无异了，自己也觉得好笑。我觉得中国实在还没有可得诺贝尔赏金的人，瑞典最好是不要理我们，谁也不给。倘因为黄色脸皮人，格外优待从宽，反足以长中国人的虚荣心，以为真可与别国大作家比肩了，结果将很坏。我眼前所见的依然黑暗，有些疲倦，有些颓唐，此后能否创作，尚在不可知之数。倘这事成功而从此不再动笔，对不起人；倘再写，也许变了翰林文字，一无可观了。还是照旧的没有名誉而穷之为好罢。未名社出版物，在这里有信用，但售处似乎不多。读书的人，多半是看时势的，去年郭沫若书颇行，今年上半年我的书颇行，现在是大卖《戴季陶讲演录》了（蒋介石的也行了一时）。这里的书，要作者亲到而阔才好，就如江湖上卖膏药者，必须将老虎骨头挂在旁边似的。还有一些琐事，详寄霁野信中，不赘。迅上　九月二十五日”。鲁迅谢绝诺贝尔奖的真实原因，从中可见一斑。

有人说，梁启超与鲁迅当年曾同时被考虑提名诺奖。梁启超是中国近代著名的政治活动家、启蒙思想家、资产阶级宣传家、教育家、史学家和文学家，戊戌变法领袖之一，倡导文体改良的“诗界革命”和“小说界革命”。根据中国著名作家、文学评论家台静农回忆：“1927年9月中旬，魏建功先生在北京中山公园举行订婚宴，北大同仁刘半农、钱玄等都前往祝贺。席间半农把我叫出去，说在北大任教的瑞典人斯文欠骍是诺贝尔奖的评委之一，他想为中国作家争取一个名额。当时有人积极为梁启超活动，半农以为不妥，他觉得鲁迅才是理想的候选人。但是，半农先生快人快语，口无遮拦，他怕碰鲁迅的钉子，便嘱我出面函商，如果鲁迅同意，则立即着手进行参加评选的准备——比如将参评作品译成英文，准备推荐材料之类，结果鲁迅回信谢绝，下一步的工作便没有进行。”据传，瑞典著名探险家斯文·赫定1939年曾极力推荐胡适为诺贝尔文学奖候选人。胡适是现代著名学者、诗人、历史学家、文学家、哲学家，因提倡文学革命而成为新文化运动的领袖之一。在诺贝尔文学奖委员会给瑞典学院的报告中，肯定了胡适发起的白话文运动，认为其创作“力求描述人的意义，也许进而描述世界历史的意义”。但严格来说，他还并不属于诺贝尔奖要求的“作家”范畴。

第三个阶段（1947-1991）：民主主义，冷战工具。第一次世界大战结束后，“苏联模式”作为人类历史上首次开创的一种国家制度和经济运行模式，曾创造过苏联经济奇迹，对20世纪30年代资本主义反危机起过重大的借鉴作用。“二战”后，包括中国在内的一大批社会主义国家相继诞生，社会主义力量的壮大引起了资本主义的恐慌，社会主义和资本主义两种社会制度矛盾的上升，导致了冷战。特别是美国和苏联——这一对超级大国，从共同对抗纳粹的威胁中解除出来后，就再没有过真正意义上的和平相处。1949年北约成立，全称北大西洋公约组织，是由以美国为首的12个西方国家组成的军事政治集团，美国和加拿大联合西欧一些国家共同与苏联为首的东欧社会主义国家抗衡。1955年华约成立，全称华沙条约组织，是由苏联和7个东欧国家（共8国）组成的军事政治集团，用来同美国和西欧抗衡，也可进一步控制东欧。“冷战” 接受两次世界大战的教训，不再轻易诉诸大规模的武装冲突，而是以核武器相威胁，以民主和自由为武器，极力推行自己的价值观，进行和平演变，间接削弱对方。西方指责东方不民主、极权主义和共产专制，而东方则批评西方是中产阶级资本主义和帝国主义。东方国家指责西方国家“帝国主义”、“剥削劳工”，而西方国家则称东方国家为“极权铁幕”，企图将民主国家纳入极权专制的统治，最终，导致苏联解体，柏林墙倒塌，东欧剧变。苏美冷战，以美国为首的西方国家最终胜在意识形态战略上，他们花了几十年时间才全面认清苏联真正威胁。在1946年时任美国驻苏联使馆代办的乔治·F.凯南从莫斯科发回著名的“长电报”。这份公函最终成为遏制战略，打着民主、自由的幌子，从意识形态上进行和平演变。这段时间内的诺奖获得者，从丘吉尔到帕斯捷尔纳克、肖洛霍夫、索尔仁尼琴、聂鲁达，构成一种饶有意味的图谱，让人在文学与政治之间寻求某种相关性。比如，提出人们既要预防虚无主义也要预防乌托邦主义的作家加缪，被认为是照亮了人类良知的种种问题，帕斯捷纳尔克被肯定的是他在抒情诗和俄国史诗传统上的努力。后来成为政治夜莺的肖洛霍夫，则是因其作品描述了俄罗斯民族生活的另一历史层面而获奖。这一阶段，诺贝尔奖成了宣扬西方“普世价值”，推崇西方文明的工具。由于受意识形态影响较重，很多真正影响了世界文学史的作家被错过，诺贝尔文学奖一度失去活力。苏共作家肖洛霍夫早期的代表作是长篇小说《静静的顿河》（共8卷，分四大部，先后出版于1928、1929、1933、1940年），以“十月革命”前后一系列重大历史事件为背景，成功地塑造了葛利高里·麦列霍夫这个出身于哥萨克中农家庭的复杂形象。通过他从青年时代参加帝国主义战争，“十月革命”时一度加入革命行列，以庞大、完整的艺术形象体系，反映出地主资产阶级反动腐朽势力遭到失败和布尔什维克党领导的革命人民最终取得胜利的过程。作品于1960年获得列宁奖金。他多次参加诺贝尔文学奖角逐，但因是共产党员而受挫。1964年12月

10日，当瑞典学院宣布法国作家尚·保罗·萨特获得该年诺贝尔文学奖时，这位具有奇异思想的作家，在没有任何压力的情况下，采取了一个奇异的行动，他立即向瑞典学院和世人声明，拒绝接受此项巨奖。他的理由是："谢绝一切来自官方的荣誉。" 事实上，萨特对于这项奖是有意见的。他在声明中有这样一段话，他说："肖洛霍夫和帕斯捷尔纳克两人，瑞典文学院先颁奖给后者，获奖的是一部在外国发行，而在国内被禁止的书，此事实令人不能理解。欲想恢复平衡，可以从反方向做相同的举动。萨特拒绝领奖，实际上也算是'从反方向'所作出的一个举动。"1965年，候选人总共有89人，是颁奖以来人数最多的一年。其中竞争实力较强的有智利诗人聂鲁达，古巴诗人基连，阿根廷小说家波里斯，以及两年后获奖的危地马拉小说家阿斯图里亚斯，意大利小说家莫拉维亚等，但最终肖洛霍夫夺魁。有人说瑞典文学院颁奖给肖洛霍夫，是一个弥补之前"过错"的举动。他的获奖，使苏联文学界感到十分高兴。当时任苏联俄罗斯联邦作协理事主席的作家索波列夫亲自向肖洛霍夫道喜，并在《消息报》、《俄罗斯文学》上连续发表文章，指出："对于我们社会主义现实主义者来说，肖洛霍夫的获奖是有非常特殊的意义。"瑞典学院委托的拉斯夫文学专家起草的肖洛霍夫作品研究报告中评述："肖洛霍夫那种'壁画式'的小说是以19世纪的写实主义为基础的，它代表着一种纯粹的俄罗斯通俗传统——深受托尔斯泰、屠格涅夫等人的影响，它具有一种磅礴的气势，但这种气势常常受到政治宣传的伤害。"获奖理由是："由于这位作家在那部关于顿河流域农村之史诗作品中所流露的活力与艺术热忱——他籍这两者在那部小说里描绘了俄罗斯民族生活之某一历史层面。"1970年诺贝尔文学奖获得者亚历山大·索尔仁尼琴 ，被称为受歧视和冷漠的中彩者 ，授奖理由是："由于他的作品中的道德力量继承了俄国文学不可或缺的传统。"他在获奖后通过外交途径写给瑞典文学院的信中写过一段话："最近几个礼拜里，我国舆论界对我获奖的敌对态度及表现（看过我著作的人们从各机构被开除），使我深信如果我前往斯德哥尔摩，我的后路将被切断，也就是说，我将无法回到我的祖国。” 他在打给瑞典学院的电话中说过，他个人愿意接受这份奖金，并打算亲临斯德哥尔摩。但事实上，他没能出席那次授奖仪式，他的那份奖金也是在他被驱逐出苏联后补发的。按照惯例，每年度的获奖者都要有熟悉该作家的专家提出其作品和人的有关研究报告，以供瑞典文学院讨论。可是，1970 年度的索尔仁尼琴的研究报告却意外地取消了。这是自 1901 年诺贝尔文学奖建立以来破天荒的第一次。索尔仁尼琴于 1918 年 12 月 11 日出生在北高加索的基斯洛沃茨克，自幼命运多舛。1941 年毕业于罗斯托夫大学，应征入伍，获两次勋章。苏德战争期间，他给朋友写信攻击斯大林，流露出对当时苏联的社会主义制度不满。1942 年 5 月被逮捕，监禁 8 年后被放逐到哈萨克斯坦。苏共二十大以后，赫鲁晓夫全盘否定斯大林，1957 年索氏被“恢复名誉”，他以 8 年劳改生活的体验为素材创作了中篇小说《伊凡·杰尼索维奇的一天》。赫鲁晓夫读后，亲自下令将这部小说发表在全苏作协的机关刊物《新世界》上。文艺界吹捧这部作品具有“托尔斯泰在表现民族性格方面的艺术力量”。次年，苏联作家协会吸收他为作协会员。1964 年 10 月，赫鲁晓夫垮台，索氏公开咒骂社会主义制度的作品已不符合勃列日涅夫集团的政治要求。1969 年 11 月，索氏被苏联作协开除。他较有影响的作品《古拉格群岛》全书长达 1800 多页，这部特写性兼带自传体的小说，除了叙述作者个人经历外还引用了上百人的报告、回忆、书信以及苏联官方和西方的大量资料。小说分 3 卷，1974 年 2 月 12 日，小说出版到第 2 卷时索氏就被苏联最高苏维埃主席团剥夺国籍，驱逐出境。1974 年 10 月，美国参议院旋即授予他“美国荣誉公民”称号，从中可以看出冷战的影子是多么明显。

中国作为社会主义大国，虽然不属于华约集团，但也是西方和平演变的主要对象，第二次世界大战结束后，由于东西方对峙、反修防修、封锁与反封锁等原因，中国大概封闭了 20 年。从 20 世纪 60 年代到80年代，外国文化和本国历史传统文化遭批判、查封，中国人很少接触到西方同时代的文化，甚至讳莫如深，对中国传统文化也只是知道些皮毛。就文学来看，当时只有革命现实主义这一种文学模式，受阶级观点的影响太重，忆苦思甜，把敌人不当人来写、把自己当神来写。到20世纪80年代，国内开始推行改革开放政策，国内外政治经济文化交流日益频繁，人们开始接触许多西方文化，能够读到一些西方小说，打开眼界。在国内，许多历史问题也有了定论，为小说创作提供了广阔的空间。1985年左右，大批作家和文学爱好者积极参与，掀起了轰轰烈烈新一轮中国小说革命，推动了中国文学事业的发展。当时，尽管每个人的方法或有不同，每个人的才气或有参差，每个人的精神气质或有差异，但在文学百花园中各显风流，各展风采，做了许许多多大胆的尝试和探索。总体上看，当时的文学创作是从两个方面双向突破。一方面是在内容上探险，突破各种各样的禁区，开始写爱情、写革命队伍内部的矛盾、写坏人的优点；另一方面在形式上探险，借鉴西方文学的写作形式，对中国传统的小说技巧进行革新。自新中国成立后，中国就一直受到西方的封锁、遏制、攻击和漫骂。改革开放之后，西方也一直是“遏制加接触”、“两边下注”。他们用西方的标准来衡量中国，不知多少次宣扬中国“即将崩溃”。所以在20世纪的大多时间里，中国文学几乎是没有声音的，21世纪中国文学的声音也很微弱。在2007年出版的《朗文世界文学选》中，中国现当代文学仅有鲁迅《狂人日记》一篇入选。以致曾经有汉学家用“锦衣夜行”来描述中国文学的世界地位。在这一时期，尽管涌现出许多精英，最终与诺贝尔文学奖无缘。2001年，老舍之子舒乙透露，老舍在1968年被提名诺贝尔文学奖，在入围的最后5名候选人中仍有他，且秘密投票的第一名就是老舍。但当时老舍已辞世两年。恪于诺奖只能颁于健在的作家这一规定，瑞典文学院只好把奖最终颁给了日本作家川端康成。诚然，老舍在中国有“人民艺术家”、文学语言大师的称号，其作品主要有300多万字的小说，42部戏剧，约

300首旧体诗等。作品多为悲剧，语言以北京方言为主，风格幽默。他的代表作是小说《骆驼祥子》和话剧《茶馆》，这两部作品现已列入中国初高中语文必读书目，和大学中文专业必读书目。《茶馆》也是新加坡和马来西亚高中华文文学必修的作品。作品已被译成20余种文字出版，以具有独特的幽默风格和浓郁的民族色彩，以及从内容到形式的雅俗共赏而赢得了广大读者的好评，是当之无愧的中国现代著名文学家。老舍在“文革”期间受到冲击，1966年8月惨遭迫害，沉湖自杀。1978年初恢复名誉。可以说，就老舍的文学成就，完全有获取诺贝尔文学奖的实力。其间也有其他作家获诺贝尔文学奖提名的传言。譬如，有说1966年定居台湾的中国当代著名学者、文学家、语言学家林语堂曾有过4次诺奖提名。第一次是1944年。他的英文长篇小说《京华烟云》出版后，先后被译成多种文字，仅在美国就卖了10多万部，被国外评论界誉为“中国现代《红楼梦》”。他的《生活的艺术》也被翻译成多国文字出版，被列为当年畅销书。林语堂的书因为是直接用英文写的，而且畅销、影响大，因此获得提名。第二次是1972年；第三次是1973年；第四次是1975年，说是国际笔会在维也纳召开，林语堂接任日本作家川端康成被选为副会长。会上通过以国际笔会名义推荐林语堂为该年度诺贝尔文学奖候选人，但那年的获奖者却另有其人。2012年10月23日，诺奖评委会前主席谢尔·埃斯普马克在上海接受媒体访问时表示，沈从文确实被提名过，而且“差一点就得了奖”。他说，如果沈从文没有在1988年去世，他就会获奖。“在5人名单上，他是评委最喜欢的一个。”中国现代著名作家、文学家钱钟书对诺贝尔文学奖有自己的独特看法。他曾为《毛泽东选集》英文版翻译小组成员，晚年就职于中国社会科学院，任副院长，其小说《围城》被学界书评家夏志清等充分肯定，认为是“中国近代文学中最有趣、最用心经营的小说，可能是最伟大的一部”。他在文学、国学、比较文学、文化批评等领域的成就，甚至被推崇者冠以“钱学”。

第四个阶段（1990-2007）：终极主义，臆想树敌。前苏联解体，是由历史与现实、主观与客观等多重因素促成的，在这一过程中，西方的意识形态战略是发挥了关键作用，但这一作用被西方过度夸大了。美国国务院顾问福山更是抛出了“历史终结论”，不无得意地向世人宣告：自由民主可能形成“人类社会形态进步的终点”与“人类统治的最后形态”，也构成“历史的终结”。福山的“历史终结论”，其核心思想，在于宣扬西方资产阶级民主自由制度是人类社会发展的“终极理想”，并且这种终极理想已经变成事实。西方新保守主义权势集团似乎找到了确凿的理论根据，更加得意忘形，霸迷心窍，很快就把自己装扮成替天行道的天使，以良知和自由的名义，要在全世界强力推进“民主”和“普世价值”。中国继续走有中国特色的社会主义道路，在意识形态、文化传统等方面与西方都有很大差别，当然成了下一个西方和平演变的新的假想敌，他们极力抹杀中华文明，试图占领文明制高点，抢占道德高地，赢得绝对话语权。他们外部施压，内部策反，遥相呼应，多管齐下，其中颁评诺贝尔奖也成为推行西方核心价值的舞台，譬如，以宗教名义从事分裂国家活动的达赖和打着民主的旗号从事颠覆国家政权活动的刘晓波分别于1989年和2010年获得诺贝尔和平奖，被视为是对中国政府和人民的戏谑和挑衅。其背后的真正原因是通过支持那些被认为代表这些价值和理念的人，将人权和政治制度方面的价值理念输送给中国，进行赤裸裸的和平演变。

依照诺贝尔奖的章程和宗旨，瑞典文学院是完全独立于政府的组织，也独立于任何政治和社会集团，每个院士虽然有各自的道义和政治倾向，但文学院作为整体应避免形成干预政治的倾向，可是这在社会现实中是很难做到的。其实，这类摩擦在瑞典文学院从未停止过，1989年就爆发了一起特别重大的争议事件，引起3名院士愤而辞职，其中还包括文学院前任常务秘书兼诺贝尔文学奖评委会主席居连斯登教授，以及瑞典最著名的女作家、当时两名女院士之一的艾克曼。起因是伊朗宗教领袖霍梅尼下令追杀《撒旦诗篇》作者、英籍印度裔作者萨尔曼·鲁西迪而举世震惊，瑞典各文化团体尤其是作家纷纷发表抗议声明，瑞典文学院院士的基本道义倾向虽然是支持鲁西迪的，但是多数院士仍然以文学院不应干预政治为理由，拒绝了以文学院名义发表声明的提议。因此，3 名异议院士公开宣布退出文学院，尽管文学院基于终身制的规定不予批准，他们也不再参加文学院的活动。2000 年的诺贝尔文学奖授予高行健，这在当时引起了不小的争议。高行健 1962 年毕业于北京外国语大学法语专业，1987 年移居法国，1997 年取得法国籍，代表作是中篇小说集《有只鸽子叫红唇儿》、话剧《车站》、《绝对信号》、《野人》、剧作集《彼岸》、长篇小说《灵山》、《一个人的圣经》等。1987 年以政治难民身份定居法国巴黎市郊，隔年加入法国籍。他获得诺贝尔文学奖的理由是“其作品的普遍价值，刻骨铭心的洞察力和语言的丰富机智，为中文小说和艺术戏剧开辟了新的道路。”在中国大陆有人则认为，中国有很多作家更加优秀，他的得奖是因为他的政治立场所致；有的人反对前者的说法，认为这在中国文学有着积极的意义。人民网专稿《2000 年诺贝尔文学奖违背了诺贝尔遗嘱》中表示：“这次文学评选，可以说是诺贝尔奖金的大贬值。不论从评选的衡量尺度、工作方法和评选人组成看，诺贝尔基金会都必须做彻底改革。对此，世界各国的科学家和文学艺术家早就提出多次呼吁，这次文学评奖进一步证明了这个呼吁是非常合情合理的。如果诺贝尔基金会需要诺贝尔奖金保持信誉，那就应该听取世界各国科学家和文学艺术家的呼声，趁早开始彻底改革。” 中国作家协会表示：“中国有许多举世瞩目的优秀文学作品和文学家，诺贝尔文学奖评委会对此并不了解，看来，此举不是从文学角度评选，而是有其政治标准。”时任中国外交部发言人朱邦造指出，“诺贝尔文学奖评委会最近的行动再次表明，诺贝尔文学奖已经被用于别有用心的政治目的，不值一评。”对此，诺贝尔文学奖评委会主席表示：“诺贝尔评委会并没有政治目的，颁奖给高行健是基于他的文学成就，而非他的政治立场。”瑞典文学院在新闻公报中指出，高行健的长篇巨著《灵山》是一部“无以伦比的罕见文学杰作， 也是一部朝圣小说”。据美联社报道，中国文学馆馆长舒乙对高行健获诺贝尔文学奖表示了祝贺，但他同时认为，“中国有数以百计的文学家更应该获奖。”香港作家董桥表示，高行健的作品极具创意，永远不会重复自己，视野广阔，气势不凡，成就是世界级的。作家刘再复认为《灵山》“揭示了中国文化鲜为人知的另一面”，但“知音很少，非常孤独”。香港中文大学翻译系教授方梓勋认为高氏作品着重人性描述，带有个人主义色彩，有时亦会掺入佛学和禅的思想。戏剧方面，方教授认为故事性不强，但因为充满人性，容易令观众投入。他估计，这可能并非高行健的本意，但观众会有同感。台湾的中国文艺协会理事长王吉隆则认为，高行健的作品很有民族性，他将西方现代文学技巧和东方精神融为一炉，并用自己独特的艺术方式诠释出来。中国大陆作家王朔认为高行健非常了不起，因为高行健除了中文之外，还能用外语（法语）写作。文学评论家夏志清表示，高行健得奖是“爆了大冷门”，第一次有中国人获得诺贝尔文学奖，由海外的中国作家获奖，与两岸无关，既不是大陆本土作家，也不是台湾作家，这是很公平的交易。而在当年，李敖倒是被媒体热炒诺贝尔奖候选人。他是台湾无党派人士，曾任台湾“立法委员”。因其文笔犀利、批评色彩浓厚，嬉笑怒骂皆成文章，自诩为“中国白话文第一人”。也有人称他为“思想家，自由主义大师，学者，批评家，作家，历史学家，诗人”。代表作有《北京法源寺》等，前后共有96本书被台湾当局封禁，西方传媒追捧他为“中国近代最杰出的批评家”。2000年，《中国青年报》曝出新闻，说李敖正式获得诺贝尔文学奖审核小组通知，被提名为该年度的诺贝尔文学奖候选人。报道称，李敖是中国台湾地区第一位获诺贝尔文学奖提名的作家。他的长篇历史小说《北京法源寺》是这次提名的重要依据。虽然最终不了了之，李敖却大赚了一笔。

随着中国改革开放的不断深入，文学领域日益呈现百花齐放的局面，社会各界虽然对诺贝尔文学奖的评选存有种种芥蒂，但还是与之结下了愈来愈理不清的情缘。中国现代文学家、出版家、翻译家巴金，被誉为“五四”新文化运动以来最有影响的作家之一，是当之无愧的中国杰出的文学大师、文坛巨匠，一度被视为获得诺贝尔文学奖的不二人选。据媒体报道，美国诺贝尔文学奖中国作家提名委员会曾推荐巴金角逐2001年诺贝尔文学奖，并称赞他“为中国当代最为杰出的作家和思想家，他的文学创作奠定了享誉世界崇高声望和国际文化界尊崇的优异基础，他对人性和人类尊严的执着探讨和神圣理解，已经被载入了当代中国文化和人类文化的史册”。但巴金委婉谢绝了对方的好意。同年，也有媒体透露，女作家、诗人虹影的一位密友称，虹影可能凭其作品《饥饿的女儿》，获提名角逐2001年诺贝尔文学奖。虹影是中国新女性文学的代表之一，代表作有长篇《孔雀的叫喊》、《阿难》、《饥饿的女儿》、《K》、《女子有行》、诗集《鱼教会鱼歌唱》等。有媒体称，虹影是中国当代最有实力角逐诺贝尔奖的女作家。但虹影却否认这种说法，“角逐”两个字更让她反感。她直言中国人已被诺贝尔奖弄疯狂了，“诺贝尔奖在国外根本不算什么，英国布可奖、法国龚古尔奖、瑞典托马斯·特朗斯奥都比它有意义得多。”在中国大陆各界看来，王蒙是诺贝尔文学奖很有实力的竞争人选，他著有长篇小说《青春万岁》、《活动变人形》等近百部小说，其作品反映了中国人民在前进道路上的坎坷历程。他乐观向上，激情充沛，是当代文坛上创作最为丰硕、始终保持创作活力的作家之一。2003年7月，“全美中国作家联谊会”宣布，他们将正式宣布提名中国当代作家王蒙参加2003年诺贝尔文学奖评选。该会称其“是中国当代文学最具代表性的伟大作家、文艺理论家和思想家，他的巨大的文学成就和人格造就了他成为一代文化大家和享誉世界的伟大作家”。这也是该会连续第4年度提名王蒙参加诺奖的评选，但仍是无疾而终。王蒙对此看得很淡，“诺贝尔文学奖是一个非常有影响的奖，但是诺贝尔文学奖并不是文学的最高标尺，因为它毕竟只是设立在北欧的一个国家，就是瑞典，它代表的是瑞典科学院的有投票权的大概20个院士的看法。事实上，世界上没有任何一个机构可以对整个文学事业做出像奥林匹克似的那样一个裁判和排出名次来。”社会上很为他鸣不平，也有许多议论，其中有人就一针见血地点出，王蒙曾当过中共的文化部长，是体制内作家，有浓厚的意识形态“标签”，文学成就再高，诺贝尔文学奖也没他的份。另一位被看好获得诺贝尔文学奖的作家是李锐，他的作品曾先后被翻译成瑞典文、英文、法文、日文、德文、荷兰文等多种文字出版。2004 年 3 月，李锐获得法国政府颁发的艺术与文学骑士勋章，有媒体报道，诺贝尔文学奖评委中唯一懂中文的评委马悦然曾称，李锐是“中国当代在世作家中最接近诺贝尔奖的那一位”。在中青年作家中也不乏问鼎诺贝尔文学奖的佼佼者。朦胧诗代表人物之一的北岛，先后获得瑞典不会文学奖、美国西部不会中心自由写作奖、古根海姆奖学金等，被选为美国艺术文学院终身荣誉院士。他 2006 年角逐诺贝尔文学奖，据说 10 年中他曾获 3 次提名。他的诗刺穿了乌托邦的虚伪，呈现出了世界的本来面目。一句“我不相信”的呐喊，震醒了茫茫黑夜酣睡的人们。另一位是王小波，代表作品有《黄金时代》、《白银时代》、《黑铁时代》等，被誉为中国的乔伊斯兼卡夫卡。他的唯一一部电影剧本《东宫西宫》获阿根廷国际电影节最佳编剧奖，并且入围 1997 年的戛纳国际电影节，在国内外拥有众多的读者群。可惜 1997 年 4 月英年早逝。

在中国港台地区，李敖之外，也有一批颇具实力竞争诺贝尔文学奖的作家。2001 年，有媒体称，金庸获诺贝尔文学奖提名，一时炒得热火朝天。有一种说法是，当时北京大学召开的 2000 年金庸小说国际学术研讨会就是为了给金庸造势。按说，金庸作为中国当代著名学者、政论家、社会活动家、出版家、小说家，文学成就卓著，其中，他创作的武侠小说可谓是文化大餐，在世界上拥有浩大的读者群。但金庸很低调，自称诺奖的颁授旨趣与自己风格不合，“大可不必”为之角逐。台湾著名诗人、学者、翻译家、评论家余光中，一度被媒体报称曾多次获得诺贝尔文学奖提名。他本人则认为，诺奖主要颁奖给西方语系的，它只是西方文学的一个奖项，与东方文学之间有着极大的隔阂。东方文学应该建立一个自己的评奖标准，拥有属于自己的文学大奖。“不一定要靠18个瑞典老头在那里指指点点”。诺奖是死亡之吻，很多作家在得奖之后江郎才尽，川端康成和海明威更是干脆选择了自杀。有媒体披露，2001年，台湾著名现代诗人洛夫凭借新出的三千行长诗（中国新文学史上最长的诗）——《漂木》，获得诺贝尔文学奖提名。一些人称他是世界华语诗坛泰斗、“诗魔”，说是他的诗歌造诣远在余光中之上。台湾著名诗人、散文家、学者杨牧，擅长于叙事诗写作，文辞典赡雅丽，意象繁复芬奇，情韵敦厚，诗意深湛隽永，散文亦为人称颂。在1977年《中国当代十大诗文选集》中，编者引介杨牧的文字，尤其代表了文学界对诗人的普遍认知：“杨牧是位‘无上的美’的服膺者，他的诗耽于‘美’的溢出——古典的惊悸，自然的律动，以及常使我们兴起对古代宁静淳朴生活的眷恋。”据台湾《联合报》2005年8月报道：8月1日出刊的台湾《联合文学》，邀请101位作家、文学工作者，选出他们心目中最有资格成为台湾第一位诺贝尔文学奖得主的作家，结果由诗人杨牧当选。杨牧在西方语境下的摘冠呼声也一直很高，但截至目前，台湾地区还无一人获得诺贝尔文学奖，杨牧是否能成为台湾获奖第一人还是个谜。台湾另一位当代著名作家白先勇，系中国国民党高级将领白崇禧之子。旅美学者夏志清曾说：“旅美的作家中，最有毅力，潜心自己艺术进步，想为当今文坛留下几篇值得给后世朗诵的作品的，有两位：于梨华和白先勇。”他甚至赞誉白氏为“当代中国短篇小说家中的奇才，五四以来，艺术成就上能与匹敌的，从鲁迅到张爱玲，五六人而已。”他一生钟爱昆曲，对于其保存及传承不遗余力。2006年12月6日，在北京师范大学珠海分校聘任白先勇为文学院名誉院长的仪式上，苏州昆剧院院长蔡少华透露，白先勇获15名专家教授推荐，成为该年度的诺贝尔文学奖获选人。此前，有人认为白先勇是离诺贝尔文学奖最近的一位华人作家。但是，当白先勇听到这一消息后，并不认为是重要的事情。他觉得“得不得诺奖不重要，重要的是要将昆剧发扬光大”。

第五个阶段（2008 —）：殊途同归，同命相怜。2008 年国际金融危机实质上是西方的文明危机，2010 年年底，阿拉伯文明也陷入动荡之中，二者直到今天都在苦苦探索走出困境的出路。相比之下，中华文明却呈现出勃勃生机。在西方培根提出的道德原则是："需要科学是为了让自然服务于人类。"而危险在于：技术能力的增长快于世界对它的认识，物质方面的进化超过了精神的发展。结果，这导致社会道德基础的沉沦和瓦解。2011 年夏天，挪威发生的恐怖事件反映出西方生活方式颓败，欧洲的一个民族主义分子仅仅因为对文化理解的分歧就冷酷地杀害了 77 人，伤及 100 多人。西方文明全面危机的另一个方面是银行和大公司的贪婪而引发的金融经济问题，使整个国家入不敷出。此外，能源和矿产的日趋匮乏加剧了这一进程，而资源的主要蕴藏地在亚洲、非洲和拉丁美洲。资本主义的主要机制就是追逐利润的最大化，从而加剧了侵略性、贪婪、扩张和掠夺。道德观和价值观遭遇极大危机，表现为家庭的解体、同性婚姻数量增长、吸毒、酗酒、卖淫、恋童癖等等。文化遗产可能遗失，民族和文明的多样性可能丧失。随着以西方文明为主导的趋势的结束，世界舞台上正在出现一个巨人——亚洲文明，它人口众多，且有一半是年轻人，有着强大的人力潜力，自然资源丰富，崇尚协商一致，更喜欢"温和的"专制，而不喜欢西方的民主模式。2012 年 5 月在世界大型企业研讨会上，有人问了 70 位企业首席执行官一个问题：你认为世界上哪些组织最称职可信？他们把"跨国公司"排在第一位。把"中央银行"排在第二位。把中国共产党排在第三位，占总票数的 64%。而美国总统仅获 33%，美国国会只获 5%。这在西方引起思考和轰动。在 21 世纪最初的 10 年中，世界历史证明了一点，那就是：经历了被称为意识形态对立的冷战时代，原本被认为已成为美国单级独霸的世界秩序并没有向多极化的方向发展，而是朝着无计划的"全体参加型"方向发展。美元作为世界储备货币的"穷途末路"只不过是这一世界历史大潮中的一个现象而已。但当我们刚想接受这个很美好的"普世价值”时，欧债危机、美债危机，以及北非和欧洲的城市骚乱爆发；虽然被西化意识形态冠以不同名义，但仍证实了这样“被普世”的西制实质上是一个高成本导致高负债的制度体系。金融危机演变成了经济危机，而经济危机又引发了债务危机，债务危机又导致了政治危机，政治危机追溯到文化危机。导致这一连串事件的原因则要反过来看：正是民主国家政府的管理缺陷导致了债务危机的发生。沉重的债务负担导致了负债式的经济增长，而负债式的经济增长最终在金融困境中彻底垮台。美国“沙漠风暴”行动大获全胜后，老布什在联合国宣布，世界新秩序即将到来。冷战的两极世界已经成为历史。但是，到了2012年，宗教主义、部落主义和民族主义纷纷复活，开始重新塑造这个世界，而美国的势力和影响则明显下降，世界新秩序并非威尔逊主义者梦想的“天下大同”。这是一个分裂割据的世界，种族、帮派、文化和宗教信条高于一切；而民主不被视为目标，而是实现目标的手段。这个目标就是，自己人积聚权力实现自己的梦想。但另一方面，从世界发展的潮流看，尽管当今世界仍有种种冲突和局部战争，但在市场经济的作用下，越来越多的国家或文化已逐渐融汇到世界大家庭中来，文明的力量日益成为主流。诚如法国汉学家、《易经》法文版译者西里尔·加瓦里在《问题》中国特刊结尾的一段话所说：“中西文化本不同源，西方人的固有概念被中国人的行为方式所打乱，从而产生了种种对中国的误读。要跨越这一鸿沟，西方必须首先学会尊重并理解中国人的思维方式。”改变人类的生存方式是解决冲突的关键，而改变人类的生存方式，只能最终从中国传统中找到答案。中国的发展超出唱衰中国的西方预言家的想象。北京政治风波、苏联解体、邓小平逝世、非典肆虐、中国加入世界贸易组织、国际金融危机等，都是西方预测中国崩溃的时间节点。然而冷战后20多年，中国非但没有乱，反而综合国力与日俱增，“中国崩溃论”在事实面前崩溃了。曾提出“历史终结论”的美国学者福山主动修正自己的看法：“‘中国模式’的有效性证明，西方自由民主并非人类历史进化的终点。人类思想宝库要为中国传统留有一席之地。”中国道路意味着在“西化”和“被孤立”之间还存在着其他选择。人类社会存在着共同的价值，不能简单地把民主、自由、平等、人权、公正、尊严、幸福、和谐等人类的普遍价值，当作“西方的”或“中国的”。

诺贝尔文学奖评审委员会早就意识到了这一点，正在以自己的努力改变这种局面。诺贝尔文学奖评审委员会正在拓宽自己的视野，把目光投向未知的领域。就诺奖的颁奖词里，出现了一个有意思的大词“人类文明”。比如南非小说家纳丁·戈迪莫获奖，理由是她史诗般壮丽的作品，对人类大有裨益。君特·格拉斯的作品使人们反复重温被遗忘的历史，帕慕克的作品则是发现了文明的冲突。2008年获奖的法国著名文学家勒·克莱齐奥则是探寻了文明人性，他出生于1940年，是20世纪后半期法国新寓言派代表作家之一，也是现今法国文坛的领军人物之一，与莫迪亚诺、佩雷克并称为“法兰西三星”。代表作有《诉讼笔录》、《寻金者》、《罗德里格岛游记》。他的早期作品，诸如《诉讼笔录》、《可爱的土地》等，多寻找一种空灵与寂静，人物时常在形式、色彩与物质的海洋中摇摆不定，人和物的界限变得模糊不清。而他的后期作品，诸如《寻金者》、《罗德里格岛游记》等，则更关注心理空间，向着自然与人这两个“宇宙”同时进行宏观与微观的探索。瑞典文学院在颁奖决定中说，克莱齐奥将多元文化、人性和冒险精神融入创作，是 位善于创新、喜爱诗一般冒险和情感忘我的作家，在其作品里对游离于西方主流文明外和处于社会底层的人性进行了探索，其获奖理由是：“展现了新的起点、诗意的冒险和感官狂喜；作为探险者，发掘了隐藏于主流文明底部和外部的人性。”2009年获奖的德国女作家赫塔·米勒出生在罗马尼亚，是个德国后裔，之后与丈夫到达西德，有不同政治体制下的不同文化背景生活、学习经历，主要作品有《河水奔流》、《行走界线》、《那时狐狸就是猎人》等，若细看作品的具体内容，也许我们应该赞美评委们，他们正在以更加开放、多元化的审美眼光，以及迅速的反应、宽容的胸怀来评定作品。到了2010年，在诺贝尔奖所有奖项中，唯有文学奖不仅获奖名单非常神秘，就连宣布获奖日期都充满悬念，在历史上不时会因为评委分歧巨大而一再推迟宣布获奖名单。2010年度诺贝尔文学奖授予秘鲁诗人、作家马里奥·巴尔加斯·略萨（Mario Vargas Llosa），以表彰他“对权力结构进行了细致的描绘，对个人的抵抗、反抗和失败给予了犀利的叙述。”他是拥有秘鲁与西班牙双重国籍的作家及诗人。创作小说、剧本、散文随笔、诗、文学评论、政论杂文，也曾导演舞台剧、电影和主持广播电视节目及从政。诡谲瑰奇的小说技法与丰富多样并且深刻的内容为他带来“结构写实主义大师”的称号。2011年诺贝尔文学奖的评选更加关注人性的光辉和人类社会命运的结合，关注人类整体命运和某个民族人性和文化特征的理念集合，超越国家差异与时代差异。也许评委们基于对瑞典是这一精神发起地的考虑，最终将这一奖项颁给了本国作家。瑞典学院宣布：“2011年度诺贝尔文学奖授予瑞典诗人托马斯·特朗斯特罗姆，他的诗以凝练而透彻的文字景象给我们提供了接触现实的新途径。”瑞典学院常任秘书彼得·恩隆德宣布获奖者，他为瑞典学院将该奖项授予一名瑞典人辩护。他说，这经过了“深思熟虑”的评选过程。“他所写的是关于重大问题。他的作品探讨死亡，探讨历史、回忆还有自然。”2012年诺贝尔文学奖的争夺异常激烈，有人推测，由于去年获奖者是瑞典本国人，今年的获奖者肯定远离欧洲，最终，人们把焦点聚集在中国作家莫言和日本作家村山春树身上。日本《每日新闻》2012年10月11日晚报道称，莫言和日本作家村上春树这两位热门诺贝尔文学奖候选人上演了一场“中日对决”。村上春树29岁开始写作，第一部作品《且听风吟》即获得日本群像新人赏，1987年第5部长篇小说《挪威的森林》在日本畅销400万册，广泛引起关注，成为“村上现象”。他的作品展现写作风格深受欧美作家影响的轻盈基调，少有日本战后阴郁沉重的文字气息。被称做第一个纯正的“二战后时期作家”，并被誉为日本1980年代的文学旗手，很有实力和国际影响力，被认为是2012年诺贝尔文学奖夺魁的最大热门。而最终的结果是莫言“甩开”村上，获得诺贝尔文学奖，有人说是“中国的乡土文学打败了日本”。其实，莫言与村上春树的创作风格有许多相似点，比如作品中都有天马行空，随心所欲，光怪陆离，鬼神莫测的色彩，但最基本的区别点在于莫言追求的是一种现实的浪漫主义，他的作品没有过滤情感，没有提取杂质，其中有一些自然形态的东西，更贴近生活，更有泥土气息。而村上春树追求的却是一种精神上的浪漫主义，最终莫言的现实的浪漫主义更合西方读者的口味，评委们也被莫言版的浪漫主义所打动，才“甩开”了村上春树，成为世界上第109位诺贝尔文学奖得主。尽管日本媒体叹息声一片，但也有日本网民大度地发表评论称：“祝贺莫言获奖，这是亚洲的骄傲！”中国当代著名作家田中禾说，莫言的获奖，首先是东方文化对西方文化壁垒的一次突破，是世界对中国传统文学的民族性和历史性的肯定和关注；其次，他的获奖将会极大的改善中国作家的创作环境和鼓励中国作家创作的热情，启迪一代文学作者的创作方向；再次就是证明了中国的经济发展一定会反映在文化上，也一定会在文化方面取得突破。

三

莫言获奖，有赞许，也有非议。有人对莫言是否一流作家提出质疑。近几年来，在中国这片文学天地，可谓是群星闪烁。譬如，贾平凹是我国当代文坛屈指可数的文学大师，颇具叛逆性、创造精神和广泛的影响力，被誉为“鬼才”，其代表作有长篇小说《商州》、《浮躁》、《废都》、《白夜》、《秦腔》、《古炉》等，曾多次获文学大奖。很长时间以来，贾平凹都被评论界认为是夺取诺贝尔文学奖希望最大的中国作家。他自己却声称“没有想过”，因为它太遥远，自己连它的具体程序都一无所知。“我觉得讨论诺贝尔文学奖意义不大，因为不光是你作品写得好不好的问题，还有一个翻译的问题。中国作家用不着考虑这个问题，一个作品的命运，能写到什么程度，能获什么奖，都是可遇不可求的事情。这也有定数，宿命，造化，该是你的逃不脱，不是你的怎么追求追不上，就像谈恋爱一样。”另一位中国当代著名实力派作家就是陈忠实，其代表作《白鹿原》引起中国文坛的震撼。在一次接受采访时，陈忠实坦言，谁都想得到诺贝尔文学奖，但起码自己不会想。他说，这不是豁达，是“因为想了没用”，世界上有那么多的作家，而每年只有一位作家获奖，这只能说明这些作家的作品比较适合瑞典皇家学院评委们的口味，并不能说明其他作家不优秀。作家按照自己对生活的理解去写作就行了，瞅着奖去写作是一个痛苦的过程，也没有意义。2011 年 9 月，网上传称，作家严歌苓凭借小说《第九个寡妇》获得 2011 年诺贝尔文学奖，并称这一消息是由瑞典皇家文学院院士妻子不小心泄露出来的，可信度较高。但事后严歌苓经纪人冯杏站出来辟谣，称消息不实。严歌苓也说：“我不是很在意得不得诺贝尔文学奖。写作对我来说是非常必要的，是一种生活的方式，我觉得在这种生活方式里我过得很舒服，而且我每天写出一段让我感到非常美妙的话语，就会感到这就是过节，这就是给自己一个最大的奖。”其实，她以中、英双语创作，是中国少数多产、高质、涉猎度广泛的作家，作品同诺贝尔文学奖的评选取向很是相投，特别是代表作《小姨多鹤》、《第九个寡妇》、《赴宴者》、《扶桑》、《穗子物语》等，无论是对于东、西方文化魅力的独特阐释，还是对社会底层人物的关怀以及对历史的重新评价，都折射出人性、哲学思考和批判意识。中国当代先锋作家苏童，因小说《妻妾成群》被张艺谋改编成电影《大红灯笼高高挂》而蜚声海内外。2012 年 8 月，正当网上热传莫言可能获得诺贝尔文学奖时，苏童在与英国著名小说家大卫·米切尔对谈中表示，诺贝尔文学奖是一群瑞典人在斯德哥尔摩皇家学院的某一种科研结果，它的研究对象说起来是全世界的文学，但是实际上是那么十几个终身委员的个人趣味的一种博弈。“每个民族都认为自己是一个伟大的、很牛的民族，每个国家都认为自己有伟大的文学，其实换句话说，全世界国家无论大小，都有权去做文学，发出那个所谓的呼声，所以在我看来，诺贝尔文学奖的意义并不大。”

莫言是于2009年凭借长篇小说《蛙》进入诺贝尔文学奖评委的视野的。2012年8月欧洲“全球博彩”公司(Unibet)公布了诺贝尔文学奖预测获奖名单的赔率，莫言以1赔6.5位列第一，而日本诺奖热门村上春树则以1：8的赔率紧随其后。莫言赔率第一，引发国内外媒体及作家热议。从该公司押宝的历史成绩上看，2006年诺贝尔文学奖的获得者帕慕克、2009年的赫塔·米勒，以及2011年的托马斯·特朗斯特罗默，都曾被Unibet相中。瑞典最大的日报《每日新闻》9月25日以“莫言是诺贝尔文学奖获奖热门”为标题，专门介绍了莫言、村上春树以及美国民谣之父鲍勃·迪伦等人的情况。德国《波茨坦新闻报》10月8日以“莫言是中国诺贝尔文学奖的希望”为题称，这是一个伤口，每年都会受伤，因为到目前为止还没有一个中国人赢得过诺贝尔文学奖。虽然高行健获得过，但他是以法籍华人的身份获得的。不过，这个伤口在未来一周内很可能愈合。德国《图书报道》则认为，今年将是一场“亚洲的竞赛”。法国《世界报》称，两名亚洲作家最有可能获得本次文学奖，在中日关系紧张的情况下，这个奖的竞争意义很特别。不过，也有瑞典媒体认为，上述预测只是在文学奖公布前的一种预热和调侃，不能当真，历史上在博彩公司排名第一位的候选者很少得奖，而麦家、崔永元等国内文化界人士也纷纷力挺。种种迹象似乎都在显示，今年的诺贝尔文学奖很值得一看。而莫言本人针对赔率第一和“被诺奖”，却保持平常心态，索性躲到山东高密老家，专心写作，不发表任何看法，始终不愿谈起这个话题。之前他曾说“忘掉所有的奖项是作家最高的选择”。在接受采访时，他也表示：“诺贝尔奖毫无疑问是影响最大的国际文学奖，但在它的历史上，也确实有很多作家缺席，像托尔斯泰、卡夫卡都并没有获得这个奖项。而获奖作家里面，有的人的作品也并不是我们都很钦佩。为什么我不愿意谈这个话题，因为一谈马上就会有人来攻击，很多人在批评中国作家有诺贝尔焦虑症，对我这种批评就更多了。”《收获》杂志执行主编程永新则分析称：“在欧美国家，一般而言，中国作家得到认同是非常困难的。但是莫言的作品在国外出版之后，得到了核心文化圈的认同，莫言作品的丰富性被更多人所知。或许，这就是莫言今年离诺奖最近的主要原因之一。”与莫言和村上春树都打过交道的、1994年诺贝尔文学奖得主大江健三郎就曾预言说，“如果继我之后还有亚洲作家获得文学奖，我看好莫言。”法兰克福书展总裁于尔根·布斯也曾说：“在很多西方评论家眼中，莫言是有希望获得这一殊荣的中国作家。”马悦然（诺奖评委）曾说，诺贝尔文学奖，就是瑞典几个看不懂欧洲以外文字的70岁以上的老头子，按照他们独特的口味评出来的一个奖，不必太重视。中国人之所以这么看重诺贝尔文学奖，就是本身太歧视文学了。厦门大学人文学院院长周宁认为，鉴于诺奖评选过程十分严格，从未提前解密，当前对于莫言获奖的各种猜测更多是一种新闻炒作，对颁奖本身没有太大意义。对于中国民间和舆论对今年诺奖表现出的极大热情，周宁认为，这反映出一种急于被西方主流文明认可的心态。中国人愿意把诺贝尔文学奖看作是一个代表最高级别认可的奖项，因而产生对它的崇拜，这就可能走进误区。我们应保持心态平衡，得不得奖绝不影响中国作家的文学成就和其在文学史上的地位。

2012年10月9日，离公布诺贝尔文学奖最终结果还有两天，关于莫言可能获奖的消息炒到了沸点，北京师范大学教授张清华还是比较理智地预测，“假如不考虑意识形态的因素，而真正考虑文学的因素”，假如评委们“在坚持人文主义普世价值标准的同时，也对我们的民族文化有一定理解的话，那么我认为此奖最应该授予的就是莫言”。果然，两天后消息公布，莫言折桂。专栏作家潘采夫评述：“最出色的中国作家，往往是与环境对抗最有力的人物，如果不认真读他们的作品，你就不了解他们在艰难环境里做出了这样的探索，如何奋力开掘着思想文字的深度与广度。而同时他们与我们一样，也是被侮辱与被伤害的人，如果我们对自己确实有所期许，那么你应承认这些作家正是我们的同路人。莫言就是这些出色作家中的一位，如果你确实认真读过他的小说，你就不仅对他的文字和想象力印象深刻，对他的小说中的对抗性思想同样会有充分的认识。”著名作家李洱下面这段话可谓肺腑之言，莫言获诺贝尔奖，真的是实至名归。他的获奖，当然是他的光荣，但也可以看成诺奖的光荣。我们常常把“伟大”这个词，献给那些已逝的作家。他们或许真的当之无愧。其实，很多伟大的作家，就生活在我们身边，但我们却往往视而不见。一个基本事实是，对于同时代的作家，读者、批评家，包括作家同行，其要求往往更为苛刻。这其实与“目光短浅”无关，而是因为，在阅读同时代人的作品的时候，我们常常总会拿自己的经验去对比作者所描绘的经验。对比的结果只能这样的：这个作家并没有写“我”的经验。要知道，在人类历史上，还没有一个作家，还没有一本书，能够涵盖人类的所有经验，包括《圣经》。

《中国文化报》记者在莫言获奖当天晚上采访著名作家王蒙时，王蒙先生感言：“莫言获奖是一件很好的事情，他是中国最具代表性作家之一，作品在国内和国外影响都比较大。我在政协工作期间做过统计，目前在全国当代作家中，莫言的作品翻译为各种外文数量是最多的，发行量也是最多的。同时，莫言也是当代中国仍然非常活跃的、作品较多的、也引起了各方注意的一个作家，所以我对莫言的获奖致以热烈祝贺。”著名女作家严歌苓在接受访谈时表示，莫言写作水平有目共睹，他获得诺贝尔文学奖是中国文化一次大的胜利。

倒是莫言本人从来不把自己看成一流作家，而且表现得十分谦逊，“当年开始创作时，确实有功利因素，比如想成为名作家，改变自己及家人的生活境遇等，但绝对没有想到获奖。后来是巨大的诉说冲动，是对文学、艺术的迷恋，让自己下笔不能自休。”“自己知道自己的创作有很多的问题。这几年来我聆听了很多赞扬，也认真听了很多的批评，包括很多非常刺耳的批评。我觉得赞扬可以鼓励我继续前进，批评使我下一步做好准备。所以我感谢几十年来表扬和批评过的朋友们，也感谢我得了诺贝尔文学奖之后众多的媒体，包括诸多的网友对我文学创作的评价，对我文学作品的评价，以及对我个人道德方面、人格方面的各种各样的评说。我觉得这对我来讲都是非常有利的。”“十年前可能只能看到报纸，现在面对广大的网络能看到各种说法，有些尖刻嘲讽挖苦尽管让我不舒服，但细想也许有其道理。”“我自己心里很清楚，中国作家有很多，写的很好的作家成群结队，具备获得诺贝尔文学奖资格的作家也有很多。我想我是很幸运得了这个奖，头脑要清楚，绝对不要轻飘飘的，要站稳脚跟。”

诺贝尔文学奖的标准本来就是模糊的，这个奖项不是一个比赛，文学不像自然科学，一个作者肯定有人喜欢，有人不喜欢。所以，莫言的作品往往会引起争议，这很正常，如他的小说《丰乳肥臀》，就有人说没必要那么长，是泥沙俱下的，而莫言的恩师徐怀中则认为“从黄河里舀起一碗水，不难看到碗底的泥沙。不过我们站在河边，首先感到的是扑面而来的冲击力和震撼力。”

有人说他获奖靠的是与诺贝尔文学奖评选委员会的特殊关系。莫言曾在自己小说的序言中称马悦然为“亲爱的”，针对外界质疑因为他和马悦然私交深厚，所以才获奖。莫言说，“亲爱的”在西方只是一种礼貌用语。“我第一次去意大利时，有年轻女孩称我‘亲爱的’当时我心潮澎湃，以为她对我有意思，但朋友告诉我说，你别想了，人家那只是礼貌。”莫言笑称，他和马悦然至多也就三只烟的交情。“我和马悦然，第一次在香港我给他一支烟，第二次在台湾他给我一支烟，第三次在北京我给他一支烟，如此而已！”

马悦然于1924年6月6日出生于瑞典，瑞典歌德堡大学校长、汉学家高本汉的学生，斯德哥尔摩大学东方语言学院中文系汉学教授和系主任，瑞典学院院士、欧洲汉学协会会长、著名汉学家。是诺贝尔文学奖18位终身评委之一，也是诺贝尔奖评委中唯一深谙中国文化、精通汉语的汉学家。现为瑞典斯德哥尔摩大学荣休讲座教授。马悦然教授毕生致力于汉学研究，并于欧洲及澳洲的多所著名大学教授中文与文学翻译达40年之久。他的夫人陈文芬是台湾资深媒体人和出版人。莫言获得诺贝尔文学奖不久，马悦然夫妇被推向舆论的风口浪尖。有人认为，他是莫言获奖的幕后推手，实际上也是诺奖评委会派往中国的区域专员。马悦然谈到跟莫言的私交，并不讳言，他坦称跟莫言认识30多年了，是非常好的朋友。近年来，他也翻译了莫言的两部作品，但都没有出版，因为怕有人据此推测莫言要获奖。马悦然钟爱莫言的作品，这点毫无疑问，“他真的写得太好了！”至于为什么喜欢莫言的作品，马悦然的回答特别干脆：“我喜欢莫言，就是因为他非常会讲故事！”2004年，《上海文学》刊发了莫言的小说，篇幅非常短只有一两页，马悦然马上将其翻译成瑞典文。他坦言最爱莫言的中短篇小说，个人认为写得最好的是《透明的红萝卜》，还有《三十年前的一次长跑比赛》、《会唱歌的墙》和《翱翔》等，谈起这些作品，他如数家珍，一时兴起会描述起小说情节。“有一些，我觉得他写得太长了。”马悦然客观地将个人评价一一道出，“比如《丰乳肥臀》，到结尾的时候，读者读起来的兴趣可能不会像开头那么高。”“你读莫言，会想到中国古代会讲故事的人，像古代的‘说书人’。他写作品像施耐庵写《水浒传》，像吴承恩写《西游记》，像蒲松龄写《聊斋》。莫言的讲话能力，就是从古代讲故事的人学来的。”马悦然说。莫言也受到西方作家的影响，比如读到马尔克斯的作品时，莫言很惊讶：“嘿，这样的故事，我们高密多得是！”说到这里，马悦然惟妙惟肖地模仿起莫言当时流露的那么一点不以为然。谈起自己和莫言的交情，马悦然坦陈，两人面对面交谈的机会不过3次。第一次跟莫言见面，是在香港中文大学。“我在香港中文大学当了一个学期的客座教授，有一天莫言来了，我们有一个下午花了几个小时交谈。但第二天他就要回内地去了，因为要分房子。我觉得很奇怪，不知道分房子是什么意思。后来听说他也没有分到。”马悦然回忆，两人第二次见面是在台北，那场活动共来了 9 位中国作家。“到了晚上，别的人都出去热闹，只有莫言不想去。所以莫言跟我在饭店里喝威士忌聊天。”第三次是 2005 年在斯特林堡，他们共同参加北京大学举办的一场活动，也是有多位中国作家出席的公众活动。“我们没有多少机会见面，但是我们经常通信。”马悦然说。“我也读过中国很多当代小说作家的作品，但是没有一个作家能比得上莫言——他是一个敢批评社会现实的作家。他敢出来批评，但是别的人就不敢。”马悦然认为，这是他眼中莫言的可贵之处。至于在今年诺贝尔文学奖产生过程中，马悦然对莫言的获奖究竟起到什么作用，是否存在一个激烈争论、说服其他评委的过程？马悦然回答：“我们往年每一次评奖，争论都很激烈！但今年倒还不算太激烈，今年的意见还比较一致。”至于国外媒体对莫言政治立场的非议，马悦然为莫言打抱不平。马悦然说：“评选诺贝尔文学奖唯一的标准就是文学质量，对于作者政治立场什么的，我们是不管的。文学质量是唯一标准。”对于有人质疑“和莫言一样优秀的当代作家，或者比莫言更优秀的当代作家都没有得奖，但是莫言得奖了，诺贝尔文学奖是不是有一定的偶然性？”他阐述了以下观点：“诺贝尔文学奖不是颁给世界冠军的，这个奖是颁发给一个好的作家的。世界上好的作家可能有几千个，但每年诺贝尔文学奖只能够颁发给一个作家。今年我们选的是莫言，明年选另外一个。什么是好的文学？这个标准是非常客观的。但对于一位作家，你没有什么客观的根据说，A 是一个很好的作家，B 是一个不好的作家，那完全是主观判断。我只能说：我认为莫言是一个好的作家。”“莫言可能是中国文学译成外文最多的一位作家。”马悦然表示相信，莫言的译作能帮助中国文学走向世界，他同时相信，莫言会继续坚持创作。“我不认为他会像有的作家，拿了诺贝尔文学奖之后就‘完了’，就再也不写了。他会继续写下去，因为他的内心非常强大！”

莫言获奖后，很多网友都称“要感谢陈安娜”，是她将莫言的小说推荐到瑞典。而她本人却澄清，诺贝尔文学奖评委研究一个作家时会收集各种译本，不光是她翻译的莫言作品，还有德文版、英文版、法文版等。所以不能说没有她的翻译莫言就不会获奖，这样对其他翻译家不公平。其实，陈安娜是继马悦然之后翻译中国文学的主力，受到关注后，大家才发现她其实不仅翻译了莫言的作品，还翻译过苏童、余华、韩少功、虹影等多位中国作家的作品。

有人说中间有贿赂等腐败问题。2012 年 8 月底，一则关于“莫言有望获诺贝尔奖”的消息在网上传播开来，为了避免纷争，莫言回了老家山东高密。他十分看得开：“我也关注到了网友对我的看法，有挺我的也有批评我的，挺我的也好，批评我的也好，都对我是一种帮助，因为在互联网时代才有这种可能性，以前在平面媒体时代，一个作家不知道会有这么多人对自己的评价，不知道会有这么多人在喜欢你，也不知道会有这么多人讨厌你。所以我第一次面对了广大的读者和媒体，最近这一个时期来网上对于我获得诺贝尔奖的争论，对我有很大的帮助，它就像一面镜子一样，照出了世态人情，也照出了我自己。”当时，网上也曾一度风传“山东文化干部送书画以求诺奖”。在有些人眼里像获得诺贝尔奖这样的世界瞩目的好事，不搞点“暗箱操作”就能办成，简直不可思议。诺奖评委会前主席谢尔·埃斯普马克对此不以为然，表示：“我听说过这个传闻，但这完全是胡说。没有人试过，他们知道我们是不可贿赂的。我还听过传闻说马悦然在诺奖评选中起决定性作用，但他并不在 5 个人组成的诺贝尔文学奖评选委员会里面，他只是 18 个院士之一。”资料显示，由 18 名院士组成的瑞典文学院，每年选出 5 名院士组成诺贝尔委员会，负责评奖前期工作。每年 9 月，该委员会把提名次年获奖候选人的邀请发往世界各地。提名人必须递交正式提名信，并附上候选者资料，于次年 2 月 1 日前送达。此后评委会开始对所有人选进行筛选，将不够格的提名者排除，然后将有效提名集中登记在“初选名单”，即所谓的“长名单”上。4 月，委员会将提交一份压缩到 15 人左右的“半长名单”给瑞典文学院。5 月底，委员会根据全体院士的意见，确定最后大约 5 人的“短名单”。从6月开始，全体院士的主要任务就是阅读5名候选人的作品、撰写评估报告，并在最后进行表决，得票过半数者则为诺贝尔文学奖得主。评选规则还是比较有公信力的，并被世界上越来越多的人认可。当然，这种公信力是在100多年的博弈中不断累积起来的，譬如，在第一次诺贝尔奖评选过程中，就有一位名叫瓦耶西·哈多特的作家（他曾为岳父写过一本传记——《巴斯特传》），在法国文艺界交游甚广，他利用这种关系，促使一名作家、院士把他推荐给瑞典文学院。但后来这种“拉关系”并未获得成功。1901年11月14日，瑞典文学院经过一整天的冗长会议，终于作出了授予法国作家阿尔芒·苏利·普吕多姆。

退一步讲，正像申办奥运会那样，假如搞一些必要的推介和宣传，也是正当而无可非议的。反观国内文学奖评选也不是尽善尽美，甚至有很多瑕疵和弊端。一般认为，像评选长篇小说的茅盾文学奖等，名额有限，规则也比较严格，还是有公信力、知名度的，而有的评选就有争议。全国人大代表、作家阿来一针见血地提出，“国内有的文学奖项到后来都不是在评作品了，有点像是在评先进。”“一次得奖十几个人，甚至几十个人，大家就可以拿着证书去评职称、调工资了，这样的文学奖对个人有好处，对文学却是一种伤害。”他建言：“我们要设立一个真正的国家文学大奖，使其在国际上有公信力、知名度，必要有两个前提，一个是要让这个奖具有很高的门槛，不是谁想得就能得的，行政一定要少干预；另一个就是要有国际认可、真正有水准的评委。”莫言本人认为，“从上个世纪80年代拿起笔来，我就非常明确一个观点，我是站在人的角度，写人的情感、人的命运，我的小说突破了阶级和政治的界限。”“任何作家之所以走进西方读者，不是政治原因或其他原因，最终是靠文学作品的自身力量。要看作家是否写出人类普遍的境遇，是否写出打动了所有国家、所有人的情感。”“我想最主要的是我的作品中的文学素质。这是一个文学奖，授予的理由就是文学。我的作品是中国文学，也是世界文学的一部分，我的文学表现了中国人民的生活，表现了中国独特的文化和风情。同时我的小说也描写了广泛意义上的人，我想这样的作品就超越了地区、种族、族群的局限。”“我将按照我原来既定的方向，脚踏实地，描写人的生活，人的情感，站在人的角度写作。”

有人说莫言获奖与政治有关。在诺贝尔奖系列中，其人文奖项——和平奖和文学奖，一直是高度政治化的。诺贝尔文学奖的历史表明，其对政治的关注，又有近乎偏执的偏好。最典型的例子，莫过于前苏联文豪高尔基屡获诺贝尔奖提名但始终没有获奖，而他那几位“持不同政见者”的同胞——蒲宁、帕斯捷尔纳克、索尔仁尼琴都有诺奖加身。诺委会之所以拒绝高尔基，给出的理由居然是他“参与政治活动”。诺贝尔文学奖的政治倾向，不言自明。莫言是现任全国作协副主席，中共党员，曾是中国人民解放军的一员。2009 年在法兰克福书展上，莫言因抗议德国主办方邀请所谓中国“异见”作家与会而退出书展。2012 年，为纪念毛主席《在延安文艺座谈会上的讲话》发表 70 周年，他参与了抄写“讲话”汇编成书的活动。2012 年 4 月，莫言在接受英国文学杂志《格兰塔》采访时甚至说，言论审查有利于创作。但莫言获奖，除了他本人的创作成就外，也只有放在中国崛起的大背景下来看，才能得到合理的解释。自 1901 年至今获奖的 109 人中，非欧、美国家（或其殖民地）的只有 14 人，得奖的主要原因还是政治上的，其余基本被国力强大的西方英、法、美、德等所垄断。中国崛起，很可能是 21 世纪人类历史的最重大事件。目前，中国已经经历了长达 30 多年的高速增长。这是迄今为止世界上持续时间最长的高速增长。长时间的高速增长，使“世界”对中国的态度发生重大变化。从更深层次的角度上来看，西方把诺贝尔文学奖授予中国的一位体制内作家，也是在用一种暧昧的方式，承认了中国现行政治、经济体制的存在合理性，从这个意义上说，莫言获奖，不仅是中国经济硬实力崛起的一个信号，也是中国政治软实力崛起的一个信号。北京大学教授张颐武告诉记者，莫言获奖是诺贝尔奖文学委员会的一个大战略，是从一个更大尺度、更大空间看待文明所做出的一个判断，是对中国综合力量的肯定，是对中华文明、中国成就的肯定，“莫言的得奖其实是中国的崛起和发展带来的结果。我们会得到更多荣誉，甚至比我们预料得还快。他们无疑作出了一个有远见的决定。”小说家张翎更是认为，不是诺贝尔文学奖给了莫言什么，而是莫言给了诺贝尔文学奖什么。诺奖一直颁给那些有争议的、文学作品超越人种本身的作家，诺奖因为莫言这个中国作家的加入而有了新的视野。正如联合国、WTO等国际组织、奥运会等国际活动，没有中国的加入其国际性大打折扣那样，诺贝尔奖也期待中国的加入和参与。事实上，我们也希望诺贝尔文学奖能够展示中国的文学以及文学中的中国。尽管当代中国早已拥有不少像莫言这样优秀的作家，但历史最终选择莫言实现中国诺贝尔文学奖“零的突破”，这固然有很多因素，譬如中国改革开放后，国门大开，中西交流频繁，增进了沟通和互信；又如随着综合国力的增强，国际形象有了很大提升。中国现代文学的发展也是和社会的开放同步的。有人就说，没有20世纪80年代的思想解放，观念爆炸，就没有莫言。莫言的获奖，间接或直接肯定了中国当代文学30年来的成就，我们当代也有了很高的水平，在过去被有意无意地贬低了。中国作家协会副主席何建明认为，10年、20年前，想让中国作家获得诺贝尔文学奖是基本不可能的，自从中国强大起来，西方开始认同中国文化，莫言获得诺贝尔文学奖是中国发展到今天的必然。莫言本人也感叹：“我必须承认，如果没有多年来中国社会的巨大发展与进步，如果没有改革开放，也不会有我这样一个作家。”美国《华尔街日报》在莫言获得诺贝尔奖后发表评论道“中国作家获得诺贝尔文学奖，是中国软实力水平提升的标志，也是中国在文化领域影响力增加的表现”。

但诺贝尔文学奖最终表彰的是作家的艺术成就，而艺术成就体现在深刻的人性关怀之中，所有获得诺贝尔文学奖的作家，都是人性最直接的观察者，也是人性最好的表达者。从这个意义上来说，诺贝尔文学奖不可能让所有伟大的作家都获奖，但是，可以让那些获奖的人成为世界关注的焦点，成为人类文明发展的标志。莫言作品反映了一个有着5000年不间断文明、现有13亿人口的大国中社会底层的民族原生态的声、色、味，这也许是其获奖的一个主要原因。正如北京师范大学教授张清华所说："近代以来，文学变成了同商业和政治密切合谋的东西之后，文学的泡沫化与市场化变成了常态，这自然是人们诟病它的一个基本原因。但是即便如此，我们也应该看到，低劣的东西从来也没有真正妨碍和淹没一个时代最珍贵的东西，人们仍然能够从大量的泡沫中找到黄金，从形象与故事中找到人文主义的精神和灵魂。莫言的小说就是这样的作品——尽管从风格上他并非适合所有人。"莫言在《捍卫长篇小说的尊严》里说过："圣经是悲悯的经典，但那里不乏血肉模糊的场面。佛教是大悲悯之教，但那里也有地域和令人发指的酷刑，如果悲悯是把人类的邪恶和丑陋掩盖起来，那这样的悲悯和伪善是一回事。《金瓶梅》素负恶名，但有见地的批评家却说是一部悲悯之书。这才是中国式的悲悯，这才是建立在中国哲学、宗教基础上的悲悯，而不是建立在西方哲学和西方宗教基础上的悲悯。"有人说，莫言被域外读者所关注，与中国的文化形象有关。他让世界看到了被遮蔽的精神绿地。中国的传统文化孕育了无尽的宝藏，中国作家需要做的只不过是发现而已。马悦然被选为文学院院士，很大程度上是因为文学院需要有精通中文的专家来准确解读中国。从这个意义上来说，我们应该给诺贝尔文学奖评审委员会的委员们更多的鼓励，因为获得诺贝尔文学奖毕竟不是目的。瑞典文学院常任秘书彼得·恩隆德2012年10月11日中午（北京时间晚7时）在瑞典文学院会议厅先后用瑞典和英语宣布了获奖者姓名。他说，中国作家莫言的"魔幻现实主义融合了民间故事、历史与当代社会"。瑞典文学院当天在一份新闻公报中说："从历史和社会的视角，莫言用现实和梦幻的融合在作品中创造了一个令人联想的感观世界。"莫言是把中国波澜壮阔的历史，幻化为一个个奇异的故事，展现在世界读者的面前。诺贝尔文学委员会主席佩尔·韦斯特贝里在颁奖讲话中形容莫言是诗人，“撕下了僵化的宣传海报”，“莫言使用嘲弄和讽刺攻击了历史和历史的歪曲、政治剥夺及虚伪”。在中国，自20世纪50年代起，现实主义一直是文学创作的主旋律，每个作家都必须按照现实主义的金科玉律写作，必须忠实于生活，要把作品当做对生活的刻意模仿。改革开放后，人们禁锢已久的思想得到了解放，现实主义一统天下的格局被打破，莫言打破了中国作家许多传统创作风格。他把自己定位于普通劳动者，而不是作家、政治家、教育家、史学家、记者，在他的笔下，没有黑白分明的人物描述，只有充满着乡土气息模糊的背影，许多作品的主人公甚至没有响亮的名字，都是中国历史长河中一个匆匆的过客，但正是这一个个匆匆的过客凝成群体，成为推动历史前进的主角。不少作家却害怕自己的作品和时代保持距离，总是极力把自己作品的人物放在特定的历史背景之下，试图让自己的作品充满现实的使命感、历史的厚重感，而结果却恰恰相反，让人看起来他不是作家，更像政治家、教育家、史学家、记者。事实上，中国历史上真正伟大的作家，都是胸中藏有万千沟壑，坐看云淡风轻的忠厚长者。他们善于把别人的故事娓娓道来，从而让人们在平淡之中发现深刻，莫言就是其中一个，他作品的特殊之处就是设置一种“人类灵魂的实验室”，一种在生活当中不会经常遇到的典型环境，然后把人物放进去，来考验人的灵魂，努力让读者从小说里看到人，看到人的灵魂，看到人的灵魂里面的痛苦和矛盾，并由此感悟到一个人应该怎么样宽容对待别人，一个人应该怎么样认识自己，反省自己在每一个历史事件中所应该承担的责任。马悦然说过，莫言是一位很好的作家，他的作品十分有想象力和幽默感，他善于讲故事，“他是他自己，他不学别人，他只写他要写的东西，谁都不能影响他”。俄罗斯小说翻译者伊戈尔·叶戈罗夫在翻译的莫言作品《丰乳肥臀》的序言中赞美了莫言独特的文学风格——在现实与幻想之间轻松转换，并称赞莫言是真正的语言大师。他说：“莫言讲述了自己国家和人民苦难的真相。他是一个杰出的讲故事的人。他的作品饱含富有哲理的寓言故事和发人深省的格言警句，很容易看出中国古典文学的传统。他以满腔的爱描写自己的土地，深深陶醉于自然！他热爱自己的国家，关心国家的命运。”台湾《联合报》2012 年 12 月 11 日社论《文学的感动与思考应该比争议更长远》中说得比较客观：“一年只颁一次，只有一位得主的奖项，一定不可能意味着得主就是‘世界第一’，把其他都比下去了。而是他的成就到达了最高的层级，在和其他同等级的大家相较下，今年对他有利的条件特别多。”“莫言的作品创造了一种可以承载丰富意象与奇情幻想的乡土语言，这是项了不起的文学成就。”“莫言对于小说的长久追求，能够在不同篇幅的小说中自在书写出不同的文学感动或震撼，可雄浑可鄙琐可高贵可粗俗可残酷可温柔，这又是项了不起的文学成就。”“莫言的小说，出入于写实与魔幻之间，呼应着国际文坛的浪潮，然而却又不仅仅是片面模仿既有的技法，带着自尊与自信，他不断琢磨、实验自己的小说理论，尤其关注故事的人的神奇关系，这方面，他也自有不容忽视、可以提供其他人借鉴的成就。”“莫言无可选择、无可逃避，必须要在争议中领取这历史性的奖项，但愿争议尘埃落下后，世人能够回归文学本位，认知莫言对于华文文学，乃至于世界文学的确实贡献。”斯德哥尔摩孔子学院院长、汉学家罗德弼认为，莫言早就认识到一个作家需要有一块自己的地方，所以莫言很早就想到要尽快逃离福克纳和马尔克斯的影响，因为他们像火炉，而莫言自己是冰块，距离大帅太近，自己容易被蒸发。在这样的理念下，莫言造就了独一无二的中国声音。日本《读卖新闻》中国总局长加藤隆则在中国生活多年，他读过一些莫言的作品，在他看来，如今中国年轻人很难读懂莫言，因为年轻人所经历的时代已经完全不一样了。他说，在莫言获奖后，“我看到中国网民的反应，很多批评莫言的，我觉着很不正常，因为批评他的人肯定没看过他的作品，就算看了，也看不懂，一个是经历，一个是思考方向。拿了奖，本来就是值得表扬的事情，完全不了解的人如果去批评他，根本没意思。”

国外媒体批评诺贝尔委员会将文学奖颁给一个共产党员作家。第二次世界大战结束后，由于东西方对峙、反修防修、封锁与反封锁等原因，中国大概封闭了20年，从20世纪60年代到80年代，外国文化和本国历史传统文化遭批判、查封，中国人很少接触到西方同时代的文化，甚至讳莫如深，对中国传统文化也只是知道些皮毛。就文学来看，当时只有革命现实主义这一种文学模式，受阶级观点的影响太重，忆苦思甜，把敌人不当人来写、把自己当神来写。到20世纪80年代，国内开始推行改革开放政策，国内外政治经济文化交流日益频繁，人们开始接触许多西方文化，能够读到一些西方小说，打开眼界。在国内，许多历史问题也有了定论，为小说创作提供了广阔的空间。1985年左右，大批作家和文学爱好者积极参与，掀起了轰轰烈烈的新一轮中国小说革命，推动了中国文学事业的发展。当时，尽管每个人的方法或有不同，每个人的才气或有参差，每个人的精神气质或有差异，但在文学百花园中各显风流，各展风采，做了许许多多大胆的尝试和探索。总体上看，当时的文学创作是从两个方面双向突破。一方面是在内容上探险，突破各种各样的禁区，开始写爱情、写革命队伍内部的矛盾、写坏人的优点；另一方面在形式上探险，借鉴西方文学的写作形式，对中国传统的小说技巧进行革新。在这一历程中，很多变化在莫言身上是明显的，各种思潮交流碰撞，他是中国文学领域的改革者、拓荒者、推动者之一。著名女作家、中国作协主席铁凝这样评价，“莫言在30多年的创作道路上，一直身处中国文学探索和创造的前沿，他的作品始终深深扎根于乡土，他的视野亦从来不拒‘外来’。”莫言自踏上文学之路，就一直在风口浪尖上，处于前列，却不好命名。因为他不是军旅，不是知性，很难贴标签，他对任何评论家都是个极大的挑战。他对人性的探索、挖掘、审视，深度是很多作家无法达到的。正因为此，莫言才得以笔下生花、耕耘不辍，从《透明的红萝卜》、《红高粱》等系列作品，到之后的《丰乳肥臀》、

《檀香刑》、《四十一炮》、《生死疲劳》、《蛙》等一大批长篇小说陆续面世，可以说几乎每一部都引起了文坛的高度关注和热评。2004年莫言获得第二届华语文学传媒大奖“2003年度杰出成就奖”，授奖辞这样评价：“莫言的写作一直是当代中国的重要象征之一。他通透的感觉、奇异的想象力、旺盛的创造精神、汪洋恣意的语言天才，以及他对叙事探索的持久热情，使他的小说成了当代文学变革旅程中的醒目界碑。他从故乡的原始经验出发，抵达的是中国人精神世界的隐秘腹地。他笔下的欢乐和苦难，说出的是他对民间中国的基本关怀，对大地和故土的深情感念。他的文学性格既天真、又沧桑；他书写的事物既素朴，又绚丽；他身上有压抑不住的狂欢精神，也有进入本土生活的坚定决心。这些品质都见证了他的复杂和广阔。从几年前的重要作品《檀香刑》到2003年度出版的《四十一炮》和《丰乳肥臀》（增补本），莫言依旧在寻求变化，依旧在创造独立而辉煌的生存景象，他的努力，极大地丰富了当代文学的整体面貌。”著名文学评论家陈晓明认为，“过去西方承认的，主要是中国的传统文化和古典文学，最多到现代，而对中国当代文化和当代文学一直存在抵触和偏见，通过莫言的获奖，西方将会有一个更加开放的姿态来接受当代中国。”莫言的获奖，将提升人们对中国作家所从事的工作的关注，将提醒人们关注中国作家一直未曾放弃的对现实的关切和对汉语的责任感。中国作家协会对莫言获奖给予了充分肯定：“欣闻莫言先生荣获2012年诺贝尔文学奖，我们表示热烈祝贺！在几十年文学创作道路上，莫言对祖国怀有真挚情感，与人民大众保持紧密联系，潜心于艺术创新，取得了卓越成就。自20世纪80年代以来，莫言一直身处中国文学探索和创造的前沿，作品深深扎根于乡土，从生活中汲取艺术灵感，从中华民族百年来的命运和奋斗中汲取思想力量，以奔放独特的民族风格，有力地拓展了中国文学的想象空间、思想深度和艺术境界。莫言的作品深受国内外广大读者喜爱，在中国当代文学史上占有重要地位。莫言的获奖，表明国际文坛对中国当代文学及作家的深切关注，表明中国文学所具有的世界意义。”《纽约时报》的文章指出，莫言获得2012年诺贝尔文学奖，可以促进、加深世界其他国家读者对中国文学的了解和理解，这才是诺贝尔文学奖背后更深远的意义。瑞典翻译家陈安娜对莫言表达了自己的看法：“他的笔名是莫言，跟他见面的时候他确实没有说那么多话，但是说话的时候他总是很幽默，很有意思。作为一个外国的读者，读他的东西是比较容易的，因为虽然很中国化，但同时他里面讲的那个爱和恨我们都可接受。”从一定意义上讲，莫言获奖，国人的过度关注，正说明我们在文学上真正融入世界还有一定距离，许海峰是第一块奥运金牌获得者，他的名字这些年间让国人难以忘怀，反观2008年北京奥运会，中国奥运冠军那么多，大家能记住几人？这至少说明我们中国真正融入了奥运大家庭，但诺贝尔大家庭里我们还是新兵，莫言是第一个获奖的中国作家，所以我们才感到稀奇，将来也许有一天，我们得的多了，成了这一舞台的常客，才不会大惊小怪。”中国人民大学教授孙郁表示，莫言此次获奖，将促使世界各国更多地关注中国文学，在过去的100年里，中国文学还是在发展变化的。“每个时代，中国文学都有很多优秀作品，比如在清代有《红楼梦》，民国有鲁迅的作品。虽然我们没得到诺贝尔文学奖，但并不能说明中国文学没有高度。此次莫言获奖，是中国文学的一个标志，一个象征。”作家何建明则认为，诺贝尔文学奖颁给莫言，既是对莫言的肯定，也是对中国传统现实主义写作的充分肯定，说明了世界文学在表现现实、表现社会、表现人的命运上是一致的。人文关怀、历史关怀和时代的关怀，这些都是文学的主体东西。“一百多年来，从鲁迅开始，我们一直有诺贝尔文学奖情结，不承认我们的时候，我们总会有种种的想法。现在我们得到了这个奖，对中国文学应该是一个提升，也是一种鼓励，会让中国作家感到，我们的作品在世界是响当当的。”当代作家邱华栋认为，从卡夫卡、普鲁斯特到海明威、福克纳，现代文学潮流一直在各大洲转换，莫言的写作是世界文学的重要一环。他的写作顺应了世界文学潮流。

北京十月文艺出版社编审王德领认为，我们的当代文学还是有很大的成就的，我们并不逊色于其他民族和国家的文学，随着我们国力的上升，中国文学也是繁荣的，并不像有的西方所说的，因为体制的原因，文学的艺术性打了折扣。其实，当代作家中像贾平凹、王安忆、刘震云等，都是有实力问鼎诺贝尔文学奖的。民进山东省委副主任、省教育厅副厅长张志勇认为，文化的传承与发展有两个载体，一个是静态的物的载体，这就是人类留传下来的各种文化遗迹和各种物质介质负载的人类经典文化；一个是动态的活的载体，这就是每个人类个体的一言一行中所体现出来的文化。人是活的文化载体，而这种活的文化，才是一个国家、一个民族有生命力的文化，有竞争力的文化。在很多国家，诺贝尔文学奖或许都被看做对富有创作力的个人的奖励，在中国却不是这样。自20世纪80年代初重新进入全球政治、经济和文化领域后，中国就一直渴望在科技、经济和文学领域获奖，特别渴望能有一个在中国生活、工作、成功的中国人得到诺贝尔奖，这次身为中国作协副主席的莫言能得奖，可谓锦上添花。

后记

初知莫言，是在《检察日报》。前些年，时而在报端见莫言的短文，并配以潇洒的签名和大脑袋小眼睛的素描头像。直到2012年诺贝尔文学奖揭晓，才知他摘得桂冠，也才晓得因电影《红高粱》红遍全球的张艺谋、姜文、巩俐，剧本竟是根据莫言同名小说改编，更窃笑自己孤陋寡闻，原来他还曾在检察日报社工作那么多年，与我们检察机关有着很深的渊源。倍感亲切的是，莫言是山东老乡，作品中高密东北乡的故事，在自己的乡村隐约可见，似曾相识，时有雷同，也有原型，特别是获得诺贝尔文学奖的作品——《蛙》，更像是报告文学，其中的人物、事件、场景、风土人情等，就像是自己老家过去和现在的翻版。莫言长我几岁，都生在农村，他所思所想所为，很容易引起共鸣。出于莫名其妙的好奇和亲切感，我开始关注莫言，大量阅读莫言的作品，并从影视、网络、报刊等媒体收集关于莫言的种种信息，像集邮似的分门别类的整理，渐渐地，莫言在脑海里清晰起来，潜意识中，他就是一位邻居大哥，有着同我们农村孩子相仿而又别样的生活。

有一天，重温莫言的获奖演讲，其中一段话特别打动我，他说："我获得诺贝尔文学奖后，引发了一些争议。起初，我还以为大家争议的对象是我，渐渐的，我感到这个被争议的对象，是一个与我毫不相关的人。我如同一个看戏人，看着众人的表演。我看到那个得奖人身上落满了花朵，也被掷上了石块、泼上了污水。我生怕他被打垮，但他微笑着从花朵和石块中钻出来，擦干净身上的脏水，坦然地站在一边，对着众人说：对一个作家来说，最好的说话方式是写作。我该说的话都写进了我的作品里。用嘴说出的话随风而散，用笔写出的话永不磨灭。"的确，时下对他的关注和解读已经给予了过于宽泛、深远的延伸，注入了太多的内涵，已经遥遥超出了莫言本身，媒体更是编辑杜撰，纸质的、影像的、网络的，应有尽有，莫言本人也在阅读。我想，自然莫言已经不仅仅是莫言本人，“莫言”是书，何不静下心来，慢慢品味、细细浏览。于是，我拿起笔，像阅读名著那样，做起了笔记，将心目中的莫言写在纸上，并编排成册，同家人、朋友、同仁分享。一日，我将初稿交同事任翔审阅，他认为莫言人生旅途中的点滴故事和花絮，很是感人，对成人和孩子均有所触动和启迪。出于兴趣，他对原稿进行了大刀阔斧的修改，对篇章布局进行了微调，对语言文字也作了进一步的加工润色，可以说，最终作品是由我们两人共同完成。

作品中的资料多来自于书籍、报刊、网络和电视等媒体，没有半点的个人臆造，只是当初没有出书的打算，对资料的出处记录不详，在此，谨对本书中所有被引用资料的作者，表示衷心的感谢！不当之处，敬请各位谅解和批评指正。

作者

2013 年 12 月

主要参考资料

1．莫言：《莫言全集》，上海文艺出版社 2012 年 11 月版。

2．莫言：《莫言精选集》，北京燕山出版社 2011 年 5 月版。

3．任瑄：《对话莫言》，人民日报出版社 2012 年 11 月版。

4．张清华、曹霞：《看莫言》，华中科技大学出版社 2013 年 1 月版。

5．莫言：《盛典—诺奖之行》，长江文艺出版社 2013 年 3 月版。

6．其他参考报刊：《人民日报》、《检察日报》、《中国纪检监察报》、《大众日报》、《齐鲁晚报》、《菏泽日报》等。

主要参考网站

1．中国新闻网

2．新华网

3．新浪网

图书在版编目（CIP）数据

读莫言 / 董文宏，任翔编著 . -- 北京 : 中国长安出版社，2014.2
ISBN 978-7-5107-0699-8

Ⅰ. ①读… Ⅱ. ①董… ②任… Ⅲ. ①莫言－生平事迹 Ⅳ. ① K825.6

中国版本图书馆 CIP 数据核字（2014）第 030772 号

读莫言

董文宏　任翔◎编著

出版：中国长安出版社
社址：北京市东城区北池子大街 14 号（100006）
网址：http://www.ccapress.com
邮箱：capress@163.com
发行：中国长安出版社　全国新华书店
电话：(010)85099947　85099948
印刷：北京市兆成印刷有限责任公司
开本：720mm×1020mm　16 开
印张：13
字数：200 千字
版本：2014 年 5 月第 1 版　　2014 年 5 月第 1 次印刷
印数：1-5000 册

书号：ISBN 978-7-5107-0699-8
定价：32.80 元